银行
开门红

凝心聚力
铸团队

孙军正　高国勋　潘冬梅　著

中国财富出版社

图书在版编目（CIP）数据

银行开门红：凝心聚力铸团队／孙军正，高国勋，潘冬梅著．—北京：中国财富出版社，2017.10（2018.5 重印）

（名师智业联盟）

ISBN 978－7－5047－6598－7

Ⅰ．①银…　Ⅱ．①孙…　②高…　③潘…　Ⅲ．①银行管理—组织管理学　Ⅳ．①F830.22

中国版本图书馆 CIP 数据核字（2017）第 249604 号

策划编辑 谢晓绚	**责任编辑** 张冬梅　俞　然		
责任印制 梁　凡	**责任校对** 胡世勋　卓闪闪　杨小静		**责任发行** 董　倩

出版发行 中国财富出版社

社　址	北京市丰台区南四环西路 188 号 5 区 20 楼	**邮政编码** 100070

电　话　010－52227588 转 2048/2028（发行部）　010－52227588 转 321（总编室）
　　　　　010－68589540（读者服务部）　010－52227588 转 305（质检部）

网　址　http://www.cfpress.com.cn

经　销　新华书店

印　刷　北京京都六环印刷厂

书　号　ISBN 978－7－5047－6598－7/F·2824

开　本	710mm×1000mm　1/16	**版　次**	2017 年 11 月第 1 版
印　张	13.25	**印　次**	2018 年 5 月第 3 次印刷
字　数	190 千字	**定　价**	42.00 元

前　言

马克思认为："我们知道个人是微弱的，但是我们也知道整体就是力量。"恩格斯也认同这样的观点，他说："为了进行斗争，我们必须把我们的一切力量拧成一股绳，并使这些力量集中在同一个攻击点上。"从中，我们可以看出集体力量是远远大于个人力量的。

如今，已经不是孤胆英雄的时代，团队工作分工明确、细致，有很强的层次性和互补性，每一个人都要胜任自己的岗位，不偷懒、不越位，团队成员之间要相互尊重、彼此信任。团队就像一个核反应堆，一个原子核裂变产生的威力是可以忽略不计的，但是许多原子核共同裂变，则会释放巨大的能量。为了培养员工的团队精神，许多企业都在寻找有效的方式方法，依我看，求人不如求己，只有自己拥有团队意识，才能成为团队中的一员，才能为团队发光发热。现实中，有些人认为自己能力很大，不认可他人的工作，甚至产生"蔑视"心理，工作上却眼高手低；有一些人，看到别人发力，自己却偷偷留力，故意停下来看别人做；还有一些人，对枯燥的"团队生活"产生厌倦心理，工作消极，执行力差……如果你也逐渐成为团队中的不健康"因子"，就需要停下来，认真反思一下了。

有句话说：不要拖别人的后腿。意思是说，身在一个集体中，我们应该向优秀者看齐，同时也让自己变得优秀。马云谈到团队时，有这样一段话："国内最好的团队是唐僧的团队……唐僧的使命感很好，我的目标就是西天取经，是一个个性很强的人，唐僧这样的领导不一定要会说话，慈悲为怀，这样的领导很多企业都有。孙悟空呢？能力很强，品德很好，但是缺点也很明显，企业对这样的人是又爱又恨，这样的人才每个企业都有，而且有很多。猪八戒呢？好吃懒做，一个企业没有猪八戒是不正常的。沙僧呢？懦弱无能，挑担牵马，八小时工作制，这样的人企业更多。这是一个平凡的团队……然而就是因为这个平凡的团队经过九九八十一难，才取到真经。"一个优秀的团队，未必由十全十美的人组合而成，每一个人都有这样那样的缺点，但是彼此分工，各自负责一部分，充分发挥自己的优势，就能一点点突破，并形成优势局面。如果我们把每一个人看作一滴水，一滴水是无法创造奇迹的；如果一滴滴水聚积起来，就会形成河流、湖泊、海洋，这就是一种奇迹。团队是一个利益组合，但是这个利益组合中，还交叉着友谊、信任、认同、感恩、谦让、互助、分享、赞美等元素，每一个元素都可能会给团队建设带来积极作用。《周易》有云："二人同心，其利断金。"既然两个人可以发挥出"1＋1＞2"的作用，那么协作默契的团队，更加能够爆发出强大的生命力。

银行是一个组织，同样也是一个分工有序、方向一致的团队。尤其在每年"开门红"销售季，为整年开一个好头，是非常有积极意义的。而这本书的目的，就是给银行团队中每一个成员提供一种"凝心聚力"的参考思路，让每一个人发挥自己的特长和优势，实现银行"开门红"。

作　者
2017 年 4 月

目 录
CONTENTS

第三部分 开门红就要想方设法

PART1 第一部分

开门红要振奋精神

第一章　不抱怨是赢者心态

成功者，永远不会用"牢骚"发泄自己的不满。或者说，抱怨是一种"失败者"的标志。另外，抱怨还是一种病毒、一种瘟疫，能够在集体中迅速传染。因此，银行员工要远离抱怨，远离这种负面情绪。

抱怨是团队瘟疫

一个乐观积极的人，是充满阳光的，是富有生命力的。他不会消极，更不会抱怨。一个优秀的组织或者团队，由无数个"赢者"组成，团队内是团结的、互助的。如果此时有抱怨的声音，这样的声音不仅对自己产生影响，而且还会影响身边人，成为散播速度极快的"瘟疫"。

有一个沙漠突击队，他们在执行一个任务的过程中，因为遇到风暴而迷失了方向，一度陷入艰难境地。原本士气受到了影响，此时一个名叫约瑟夫的家伙开始喋喋不休："真该死，如果料到这样的结果，我会好好向母亲道别……这一次，我们是真的出不去了，沙漠会吞噬我们！"

有个人劝他："约瑟夫，不要灰心，相信自己，相信我们的队伍，一定会突出重围，平安回家的!"

"谢谢你的好意，但事实摆在面前，我们都要承认：这一次冒失地深入沙漠腹地，是一次严重的错误。"约瑟夫依旧不停地抱怨，这种悲观的言论很快就在整个队伍中传播开来。不久之后，另外一名叫布兰顿的战士站起来，开始向队长发难："队长，你难道不需要向我们解释一下吗？下一步，我们要怎么做？是坐以待毙呢？还是站起来行动?"队长被这一连串的"莫名其妙"的问题搞晕了，这是一个棘手的问题！对于这个团队而言，阴霾似乎成了主旋律。为了摆脱危机，这个队长只能下令：全队集合，立刻出发。

一个仓皇的决定，有可能致使队伍"灭团"。这支沙漠突击队也是如此，他们在错误的方向越走越远，最后困死在沙漠中心。大部队为了搜救这支队伍，耗费了三天三夜。找到他们的时候，这支队伍早已经面目全非，即使侥幸活下来的人，也得了严重的心理疾病……

富兰克林有句话："我未曾见过一个早起、勤奋、谨慎、诚实的人抱怨命运不好；良好的品格，优良的习惯，坚强的意志，是不会被假设所谓的命运击败的。"抱怨只会让问题越来越糟糕，抱怨是一种"无病呻吟"，也会让周围人感到厌恶。我认为，抱怨有四大危害。

其一，抱怨会削弱意志。

抱怨是一种负面情绪，许多人因为一点小事就斤斤计较、没完没了。小事做不好，何以成大事呢？如果一个人养成了抱怨的习惯，就会认为：世界处处不公，到处都是陷阱，即使路途平坦，走起路来也会觉得蹩脚。还有一部分人，企图通过抱怨博得他人的怜悯，然后达到个人目的……事实上，这种做法非常愚蠢。身处同一个团队，大家遇到的问题都差不多，靠这种手段"吃小灶"，会让人感到不齿。

其二，抱怨会令人丧失理智。

或许人人都曾抱怨过，更多人会在抱怨之后迅速冷静下来，然后理智地重新上路。但是也有那么一小部分人，把抱怨当成"武器"，不仅伤害自己，还伤害他人，影响他人。有心理学家研究了"为何人们会抱怨"这个问题，答案是：这些人总会迷失方向，看不清道路，而且还沾染了负面情绪。抱怨是一种不好的信号，如果你开始抱怨了，请迅速停下来，冷静一下！

其三，抱怨会败坏人品。

我见过一些"抱怨狂"，他们心情不爽，就会做出两种出格的事情。第一种，找个"替死鬼"替自己背黑锅。这种人非常多，常常感到有人在背后整他，因此便漫无目的地进行报复。这种人不仅破坏团结，而且还是团队中的"定时炸弹"。第二种，不停地发泄，"借酒消愁"，怒斥自己的朋友、亲人，把负面情绪传递给他人，让他人承受这种"莫名其妙"的痛苦。我还曾见过：有些抱怨狂为了发泄，出卖公司情报，给公司造成不可估量的损失。这些都是败坏人品、败坏道德的行为，所以我们要远离它。

其四，抱怨会缔结仇恨。

举个例子：有一个银行职员，因为一点琐事便跟自己的主管闹脾气，起因仅仅是加了一次班。事实上，一个组织内，上级交代的任务，难免会有偏颇。作为一名团队成员，一名具体任务的实施者，应该充分考虑到这些客观事实，控制好自己的情绪。如果我们控制不住自己，一味地抱怨便会产生怒火，不仅会迁怒他人，而且还会因此结仇恨。团队不是一个"结仇"的地方，而是一个需要增进"友谊"的地方，一个相互体谅、关照、团结的地方。

思想家卢梭认为："人们说生命是很短促的，我认为是他们自己使生命那样短促的。由于他们不善于利用生命，所以他们反过来抱怨说时间过得太快；可是我认为，就他们那种生活来说，时间倒是过得太慢了。"所以我们要远离抱怨，不做团队里的"不安定因素"。

不抱怨等于积极向前看

许多人都会在困难面前摊开双手，一副无可奈何的样子。事实上，他们完全有精力、有能力去面对困难，找到解决问题的方法。我记得有一名银行理财经理，不管遇到怎样的困难，都会保持微笑。这种"微笑"，不仅影响到周围的同事，而且还让他自己始终处于乐观积极的状态。他连续三年当选"省劳动模范"，成为业内学习的楷模。

《不抱怨的世界》一书中，有这样一句话："当你抱怨时，你就是用不可思议的念力在寻找自己说不要，却仍然吸引过来的东西。然后你抱怨这些新事物，又引来更多不要的东西。"事实上，抱怨是一种"病"，这种病可以降低人的"精神免疫力"，让一个人轻而易举地选择妥协。我还记得有位企业家说过一句话："乐观的人，才能创造奇迹！"如果一个人，整日都在"怨天尤人"中度过，不知道会浪费多少能够把握的机会。因此，作为一名银行员工，一定要保持积极向上的心态，切莫把抱怨当饭吃！如果养成了抱怨的习惯，如同沾染上了毒瘾，不仅难以戒除，而且是"毁人不倦"。

有一个建造桥梁的团队，在桥梁即将竣工的关键时刻，遇到了问题。其中，有一个名叫约翰的施工人员，开始发起牢骚："难道要功亏一篑吗？如果真要这样，老天爷也太不够意思了吧！"

"是啊，难道他们不知道，为了这个工程，我已经三个月没有回过一次家了！恐怕儿子又长高了一大截呢！"

许多人开始议论纷纷，气氛非常压抑、凝重。此时，负责桥梁设计的工程师阿尔伯特发话了。他站起来，指向更远处的另外一座桥梁："如果我们找到了问题，如愿完成这项工程……我想，我们的作品，要比远处那座经典的桥梁还要美丽！眼前的一切，只不过是老天爷考验我们罢了！"

"对，您说的没错！困难并不可怕。这个问题虽然棘手，未必是不可解决的！只要您现在发话，我们就去重新找出路！"

阿尔伯特的话，再次调动起其他员工的自信心。事实上，只要没有"盖棺论定"，一切都有挽救、弥补的机会。在阿尔伯特的带领下，这支桥梁团队连续奋战三天三夜，终于找到了解决问题的方案。几日之后，所有的障碍都一扫而空。这座桥梁在万众瞩目下竣工了，并且成了当地地标性建筑。

马云说："永不抱怨的人生态度才是第一位的！"抱怨不仅是一种消极的情绪，还是一种"懒惰"、一种借口。有些人遇到困难就会用一种"抱怨"的方式发泄情绪，殊不知，这种"宣泄方式"并不能换来他人的怜悯，甚至还会让自己的上司感到厌恶。我记得几年前在某银行做培训，遇到这样一个年轻人，我们姑且称呼他小王！这个小王，在银行负责清收工作。清收工作是非常艰辛的，常常会遭遇到拒不还款的客户……即使再努力，也很难把工作做到位。即便如此，小王还是克服种种困难，用"守"和"磨"的方式清回了大量贷款。我有幸见识了小王的"清收日志"，简直就是一本"清收工作秘籍"！上面不仅记录了大量总结出来的"清欠"经验，而且每一名客户的家庭住址、家庭成员的名字、生日，都记录得一清二楚。这样的工作，确实令我感到惊讶。小王从来没有害怕过困难，在困难面前，更能表现出一种"大无畏"精神，非常值得大家学习。

华为总裁任正非说过这样的话：狮子如果能追上羚羊，它就生存；如果它跑不过羚羊，只能饿死。羚羊如果抱怨不公平，那青草——羚羊的"早餐"该向谁抱怨？羚羊还能跑，青草连逃跑的机会都没有！羚羊要想活下去，只有平时加强训练，提高奔跑速度，让自己跑得更快，即使跑不过狮子，也要比其他羚羊跑得快，只有这样才能得以生存。所以说，与其抱怨，不如正面以对！这是所有银行工作人员要做到的。

换种思路应对抱怨

苏东坡曾写过这样一首诗："横看成岭侧成峰，远近高低各不同。不识庐山真面目，只缘身在此山中。"一座山，如果从不同的角度看，就会呈现出不一样的风景。如果有一件事，令你感到困惑，如果你换个思路，也许就能打开局面。

一支联合登山队，他们来到某7000米高山的腹地，打算用3天时间，完成对它的征服。这支登山队的队长，是一名有着近30年登山经验的登山家，曾经实现了世界最高峰登顶的壮举。当他们来到海拔7000米的三号营地，竟然遭遇了雪崩。

雪崩是一种不可抗拒的因素，同样也是所有登山爱好者最不愿意看到的事情。雪崩掩埋了所有的登山路线，为登山埋下了种种不确定因素。遇到这种情况，登山队通常会选择放弃，等下一次登山条件成熟再攀登。当队长向大家宣布放弃的时候，许多队员情绪低落，不停地抱怨起来。

其中一名登山队员说："为了这次登山，我刻苦训练攀登，甚至还辞了职！没想到，竟然遭遇雪崩。在大自然面前，我们人类真是算不了什么！可是，我怎样才能面对这样的现实呢？"

"兄弟，我能够理解你的心情。但是，你不觉得，在7000米的山下，看到这样壮观的'自然景象'，不也是非常幸运的吗？"队长劝他，希望他能够振作起来，因为下山之路，依旧是充满危险的。

"可是……"

队长伸出手臂，指向不远处的一个冰裂缝。他对士气低落的队员说："几年前，我跟另外一支登山队来到这里，不仅遭遇了雪崩，而且在那个冰裂缝，我永远失去了两个队友！雪崩是残酷的，但是并没有发生在我们身上——这难道不也是一种幸运吗？如果换个角度，我们只要活着回去，下一次还可以再次向它发起冲击！"

在队长的劝说下，队员们的内心渐渐平复下来。他们试着往好处想，并且幻想下一次"成功登顶"的喜悦。两天之后，他们回到拉萨，继续各自的生活。一年之后，他们再次来到这座雪山。这一次，他们得到了老天爷的"垂青"，非常顺利地实现了登顶，再一次创造了登山壮举。

中国台湾励志作家张德芬在《遇见未知的自己》一书中，这样写道："抱怨是最消耗能量的无益举动。有时候，我们的抱怨不仅会针对人、也会针对不同的生活情境，表示我们的不满。而且如果找不到人倾听我们的抱怨，我们还会在脑海里抱怨给自己听。我们可以这样看：天下只有三种事：我的事，他的事，老天的事。抱怨自己的人，应该试着学习接纳自己；抱怨他人的人，应该试着把抱怨转成请求；抱怨老天的人，请试着用祈祷的方式来诉求你的愿望。这样一来，你的生活会有想象不到的大转变，你的人生也会更加的美好、圆满。"换个思路，如同换一种心境。

我发现，人们在某一个岗位上工作久了，就会产生一种厌倦心理，这种厌倦也是诱发各种"负面情绪"的根源。我记得某银行有一名老员工，他常常无缘无故地发牢骚，抱怨工作压力大、薪水低、福利待遇不如机关单位等。但是每一次聚会，身边的朋友都非常羡慕他，并且说："银行的工作多好啊，压力小，赚钱多，而且还有保障，比我们这些企业员工强多了！"其实，他比上不足比下有余，天天牢骚不停，只是因为厌倦了自己的这份工作，并因此滋生出许多不满。如果换个角度就能发现，许多人的境遇不如他，而这份令他牢骚满腹的银行工作，不仅工资高，而且体面。倘若我们每一名职场人，都能够在情绪低落的时候，放下手中的工作，停下来重新思考……也许就能像哥伦布那样发现"新大陆"！就像心理学家马斯洛的那句名言："心态若改变，态度就会跟着改变；态度改变，习惯就跟着改变；习惯改变，性格跟着改变；性格改变，人生也就跟着改变。"

第二章　对待任务的扎实态度

把服从命令当作自己的职业行动准则，是一种对待工作任务
应有的态度。因此，我们要养成一种"服从"习惯，并且能够接
受组织的监督和引导，才能成为对组织有价值的人。

无条件接受任务安排

西点军校有一个著名的"22 条军规"，其中一条是这样写的："无条
件执行！"言外之意，在命令面前，你是没有拒绝权的。美国第 34 任总统
艾森豪威尔也曾说："任何语言都是苍白的，你唯一需要的就是执行力，
一个行动胜过一打计划。"行动胜于雄辩，是职场上的真理。银行员工同
样需要无条件接受上司的命令，在执行过程中不能拖泥带水，要全身心地
进行贯彻。现实中，有些人总会给自己找借口，这些借口无非有三种。

第一种，这些命令是不尊重人的。

一名普通的团队成员，一般不会得到一种"超出"边际的命令。举个
例子，某银行给销售员下达月销售量 200 张信用卡的任务。这个任务量并
非是"信口开河"，而是经过科学统计、估算得出的结论。我记得某银行
有这样一名销售员，他总是认为，上司在背后算计他，甚至布置的任务里
面都暗藏"玄机"。职场中，领导借"布置任务"的机会给员工"穿小

鞋"的可能性是存在的，但是概率又有多少呢？如果我们把心态摆正，竭尽全力地去执行任务，难道还要受此影响吗？如果命令确确实实存在问题，恐怕是无法拿到台面上、形成具体的考核指标的。作为一名员工，不要把命令当作衡量领导是否有道德的工具，也不要把命令看作一种上下级关系上的"按钮"，而要把它当作一个目标，去服从它，尊重它，按照它的指示认真做事。

第二种，这些命令都是错的。

有一个士兵，他收到一个命令：炸毁敌军碉堡！事实上，这是一个既危险又艰巨的任务。稍不小心，就有可能送命。因此，这位年轻的士兵开始不停地发牢骚："这个命令一定是错误的！将军，你怎么能做出如此草率的决定呢？"因为怕死，他把这个命令看作是一项错误的命令，在执行过程中想尽办法拒绝。果然，这个士兵成了一名逃兵。碉堡没有被炸掉，后果是冲锋的部队伤亡惨重。后来，这个逃兵被送上了军事法庭，为自己的"逃跑"付出了惨重代价！

命令，有正确的，也有错误的。如果命令确实错了，是不是我们就要像这个逃兵那样，拒不执行呢？事实上，处理这类问题的方法有很多，至少"非暴力不合作"是一种愚蠢的方式。有些人的做法很聪明，在执行"错误"命令的时候，一边执行，一边进行沟通，从而达到"纠错"的目的。另外，还有一些命令，原本是正确的，只是认识与理解上的偏差，会产生一种假象。因此，作为一名银行职工，如果对命令理解上存在误区，应积极向上司请教，从而正确认识命令，执行命令。

第三种，这些命令是无法实现的。

我认识一名银行职员，他曾唉声叹气地对我说："公司下达的销售任务，根本完成不了……或许老板把我当成爱因斯坦式的天才了！"出于这样的认识，这名员工工作不到三个月，便选择了辞职。后来，他又去了另外一家银行，工作不到半年，又被公司辞退。难道银行布置的任务，真的无法完成吗？除了这名员工，我发现其他员工都能够顺利完成银行布置的任务。有句警句说：不要妄自菲薄，不要汲汲戚戚。意思是说，不要小看自己，也不要急功近利。每个人都有自己的潜能，只要用心、用力，就能实现。西点军校有一位教官说："一个人想要征服世界，首先要战胜自己！"我认为，不管在集体中，还是在独立的岗位上，都应该克服一种"软弱"，一种"惰性"！世界上，或许存在"无法完成"的任务，但只要任务下达得合理，通常都可以完成。因此，员工不要给自己找这样或者那样的借口。

劳恩钢铁公司的总裁卡尔·劳恩说过一句话："军人的第一件事情就是学会服从，整体的巨大力量来自于个体的服从精神。在公司中，我们更需要这种服从精神，上层的意识通过下属的服从很快会变成一股强大的执行力。"一个团队，更加需要这种服从，服从不仅仅是职场人的天职，更是一种职业道德操守。

敢于接受引导与监督

古代有一个县官，他刚刚上任，就遇到百年不遇的洪水。洪水过后，一片狼藉。随之，一场瘟疫席卷而来。县城里许多人得了瘟疫，死的死，病的病，哀号遍地。这名县官，没有应对这种灾难的经验，对此束手无策。此时，有一个高人，向这名县官献出自己的计策。他对县官说："一是要申请救灾粮，不能让灾民饿肚子；二是要集合县城里最好的郎中，寻找破解瘟疫的方法！"这个县官听从了高人的建议，于是着手这两项工作。

由于当时全国范围内，都发生了严重的自然灾害，加之贪污之风盛行，下拨赈灾粮一事，就变得非常困难。但是这个县官，敢于向自己的上司立下军令状，并邀请上司下派专人进行监督和指导。上司见县官非常有诚意，而且赈灾一事，原本就是上面下达的死命令。于是上司破例，为该县划拨三千石赈灾粮。拿到赈灾粮，县官非常高兴。除此之外，他也非常配合专人监督和指导，大大缓解了灾情。

另外，他组织数十名郎中，对瘟疫进行攻克。经过几天几夜的奋斗，终于取得了突破。一个针对瘟疫的汤药方子，经过配比、熬制，然后定点对灾民进行发放。两周之后，瘟疫得到了控制。看到灾民逐渐从灾难中走出来，这个县官终于松了一口气。

这个县官廉政、爱民，并且能够接受上下级的监督，真正把管理工作落实到实处。后来，他官升二品巡抚大员。只要有他在，老百姓就能过上好日子。

早些年，《中国纪检报》有一篇关于"监督"的文章。文章中有句话，颇让我感慨。话是这么说的："敢于接受监督，是一种责任和担当！"许多职场人不愿意接受他人的监督，原因无非有两个：其一，工作不自由，总有一种"被盯着"的感觉；其二，不能做一些"旁门左道"或者"工作之外"的事情！比如，贪官最讨厌纪检，"刺儿头"不喜欢被监督。总之，不愿意接受监督的人，是因为碰触到了他的利益。但是常言道：工作就是公事，要把私事放在一边。许多职场人公私不分，甚至常常将公事私事混为一谈。我认识一名中层干部，他常常在工作之余坐公车办理私事……后来这位中层干部被人举报，上司找他约谈，并对其进行了多次提醒。但是这位中层干部早已经养成了散漫的习惯，后来多次"犯病"，最后被纪检部门双规。事实上，敢于接受监督，不仅是一种勇气、担当，更是一种贯彻执行命令的决心。

习近平同志曾在关于加强党风廉政建设的会议中说："加强对干部的监督，是对干部的爱护。放弃了这方面责任，就是对党和人民、对干部的极大不负责任。"我认为，监督并不是上级对下级的一种控制，而是一种

"关爱"！接受监督，就是接受指导与关怀。监督是一种手段，更是一种指导方式。当你接受监督，则说明你心无旁骛，内心是干净的。因此，工作上也能够放开手脚，执行力也会得到加强。所以，我看到越来越多的团队核心成员，能够以"拥抱"的姿态接受并欢迎监督与指导，用一种"君子"的方式去执行上级交代的任务。阿法纳西耶夫认为："监督是管理过程持续最长的一种功能，因为它是在执行决策的全部过程中实现的。"通过这句话，我们还可以悟出一个道理：监督完全是一种"功能标尺"。借助"监督"，完全可以让自己的工作在正确范围内进行。还有一些团队干部，通过"监督"，实现了团队班子的建设。敢于接受监督，就是向周围人表明态度，自己不会以权谋私、暗箱操作，完全有能力、有信心把组织交代的工作做好。

习近平总书记还常说：有权就有责，有权就要接受监督。这句话也逐渐成为职场里的一句时髦话。团队是什么呢？团队就是大家在同一口锅里吃饭，在一口锅里吃饭更要接受监督。因此，敢于接受监督的人，内心是阳光的，态度是勤勉的。阳光和勤勉，恰恰是执行力的两个核心元素。

不打折扣地完成任务

就像吃饭吃八分饱，有些人执行任务，也会"保留几分"。问其理由，其答案也是"奇葩万千"。有人回答：如果这一次完成得好，下一次领导会提高任务量，到时候就完不成了。有人回答：做事不能倾全力，凡事都要留有余地。有人回答：力气一定是要留的，万一后面有需要倾囊而出的呢？这些理由，有的听上去还算靠谱；有的则完全是为了偷懒。

某城市，新成立了一家搬家公司。搬家公司一共有十几名工作人员，这些人员有的是经验丰富的"老人"，有的则完全是生手。有些老人经常用一种"教育"的口吻对新人说："搬东西是讲究技巧的，如果用蛮力，就适得其反。"

有一个新人，对这种"技巧"感到好奇，于是他偷偷问另外一名员工："窍门是什么呢？"这名员工回答得非常有趣："年轻人用力，他们岁数大的人自然就会留力了。"言外之意，搬家这等事，有些老员工也在"偷懒"，把费力的让给年轻人。得知真相，这个年轻人非常生气。但是有人劝他："不要得罪他们，他们留力，你也跟着留力。"年轻人按照这个说法做，但是几日之后的一次"搬家"就出了大事。

三个人搬着一台几百千克重的三角钢琴，在上楼过程中，钢琴突然滑落……这台价值几十万元的钢琴，因为三个人彼此借机偷懒，而被摔碎！后来，搬家公司赔偿客户二十多万元，口碑和形象也大打折扣。偷懒的三名员工，也被搬家公司开除。后来，这个年轻人来到另外一家搬家公司工作，但是好景不长，再次因为工作态度问题而被开除。

如果我们把集体工作当作一次"拔河任务"，只有所有人齐心协力才能不辱使命，取得工作上的胜利。如果期间，有一个人偷懒耍滑、保留实力，恐怕就会给集体拖后腿。我认识一名会计事务所做审计的员工，他有一个外号，叫"白加黑"。意思是说，他工作非常勤快，为了工作，经常能够牺牲自己的休息时间。正因如此，他总能够超额、超前完成工作。在他的影响下，其他人也打开了"白加黑"模式，形成一种"你追我赶、相互竞争"的良性局面。这家会计师事务所因此受益，成为该行业的标杆。

有一个企业家认为："企业发展的关键，是拥有一群尽心尽力工作的员工。命令是好的，执行不到位，结局依旧是悲惨的。"事实上，许多企业、银行、组织，都把"执行力"放在首位。执行不到位，命令得不到落实，就如同治病不按时按量吃药，久而久之，就会积重难返。另外，职场里还存在这样一种现象，就是做事走过场，敷衍了事。有些人，甚至有些部门，因为自身待遇或政策没有得到落实，便采取一种"疲于应付"的工作方式。上面下来检查，也会积极"配合"一下，但实质上并未取得进展。我认为，职场如同战场，员工工作如同士兵作战，都应该去全力以赴、毫不保留。那些"聪明人"，看似钻了空子、占了便宜，时间久了，就会露出马脚。

工作不打折扣、不留死角、不走过场……并不是一件难做的事情，而是一件平平常常、完全分内的事情。换个角度，老板花钱雇用员工，定然希望他能够全身心付出，体现应有的价值！如果领着 5000 元的月工资，却偷奸耍滑，只体现出 3000 元的劳动价值，时间久了，自然会得到"惩罚"。铁血宰相俾斯麦有这样一句名言："我对青年的劝告只用三句话就可概括，那就是，认真工作，更认真地工作，工作到底。"由此可见，认真工作才是职场之真理。

第三章　抓铁有痕的工作作风

"抓铁有痕，踏石留印"，这句话体现人的一种脚踏实地、作风强硬、善始善终的工作精神。如果我们工作浮躁，做事虎头蛇尾，就很难做出像样的成绩。

脚踏实地，以结果为导向

有人说过这样一句话，旅程，不在于目的地在哪里，而在于沿途的风景。对于一个不以终点为目的的旅行，体验旅行的过程似乎是更加有意义的。值得提醒的是，工作不同于旅行。工作，不仅要以结果为导向，而且还应脚踏实地。如果我们只强调过程而忽略结果，那么就像"漫无目的"的旅行，难以将上级布置的任务落实下去。结果，就是一种目标、一个方向，如同茫茫大海上的灯塔。过程确实很重要，但是结果更加重要。付出很多，却没有得到好结果，一定是执行方法或者执行路线出现了问题。我认为，我们在执行任务的过程中，不仅要脚踏实地，还要时刻进行总结。

李大钊有一句名言："凡事都要脚踏实地去作，不驰于空想，不骛于虚声，而惟以求真的态度做踏实的工夫。以此态度求学，则真理可明，以此态度做事，则功业可就。"脚踏实地，是一种工作态度，还是一种工作风格。我认识一名银行销售员，她一无社会资源，二无人脉关系，她做信用卡推销，完全靠两条腿、一张嘴。过去人们说做销售，就是用勤力做出来的。这个销售员凭借脚踏实地的工作作风，不怕苦、不怕累，坚持以销售目标为动力，最终成为银行里的金牌销售员。比尔·盖茨曾经说过："在未来的十年内，我们所面临的挑战就是执行力。"执行力是什么呢？简言之，就是执行贯彻命令的能力。这种能力，是一种"矢量"能力，如果没有数字上的体现，就会失去意义。比如，某100层的摩天大楼，要求两年封顶。因此，在此后的两年时间内，施工方必须按照计划，有序进行施工。在施工过程中，施工方还要排除影响进度的各种因素，注重施工的安全与质量，一层一层建设，直到封顶为止。身在职场，不管我们是在企业还是银行，对待一个任务，都需要这种"工匠"精神。假如我们每天完成1%，累积下来，也是一种骄人的成绩。

世界上还有一种人，特别喜欢走捷径，我们姑且把这类人当作聪明人。现实中，确实有这样一群"天才"，凭借自己的天赋，就可以忽略过程，实现跳级，并取得傲人成绩。还有一群"聪明人"，只是表面聪明，内心懒惰。这一类人往往并不能取得出色的成绩，而成为"耍小聪明"的代名词。靠天赋而走捷径的成功者少之又少，恐不及1%。对于大多数人而言，务求实际、踏实肯干、一步一个脚印，才能接近目标，实现目标。新东方总裁俞敏洪也有相似看法，他认为："光有奋斗精神是不够的，还需要脚踏实地一步一步地去做。要先分析自己的现状，分析自己现在处于什么位置，到底具备什么样的能力，这也是一种科学精神。你给自己定了目标，你还要知道怎么样去一步一步地实现这个目标。从某种意义上说，树立具体目标和脚踏实地地去做同等重要。"

刚刚踏入职场的年轻人应该抛弃浮躁，学会沉淀，脚踏实地地工作，这同样也是一个"沉积"的过程。通过这样的方式，磨掉自己的青涩，让自己变得成熟起来。有些人就非常可惜，来到一个好的团队，常常因为工作压力、待遇不高等问题，无法心平气和地工作，"身在曹营心在汉"，瞅准机会就跳槽。事实上，当今许多"跳槽侠"过得并不如意，甚至还不如之前过得好。一些老员工、老干部，反倒给这些年轻人上了一课。他们在工作上，兢兢业业、踏实肯干，总是能够起到模范带头作用。回过头再比对结果，真正做出成绩的人，恰恰是这一群工作扎实、不耍聪明的员工。

教育家徐特立认为："台阶是一层一层筑起的，目前的现实是未来理想的基础。只想将来，不从近处现实着手，就没有基础，就会流于幻想。"只有坚持以目标为导向，认认真真夯实脚下的每一步工作，才能够取得成功。

强化自己的工作作风

当下组织开会，领导提到的最多的一个词，就是工作作风。工作作风，就是一个人在工作中所表现出来的行为状态。举个例子：一个人，工作态度不认真、公私不分、好逸恶劳、不遵守岗位制度等，说明这个人的工作作风有问题。比如一些干部，徇私舞弊、利用权力制造腐败的温床，也是工作作风有问题的表现。工作作风的好坏，直接决定一个人的前途。因此，组织领导常常教导大家，要强化自己的工作作风，不要做组织的罪人。我认为，强化自己的工作作风，要从以下五个方面入手。

第一，言必信、行必果。

虽然有些人做出了承诺，在落实过程中，却变了一副嘴脸。比如，某某在任务分解表上签了字，但是任务没有实现，便开始找各种各样的借口，向组织解释："如果不是这种原因，我一定能够完成！"古人云：一言既出，驷马难追。意思是说，只要答应或接受了任务，就应该排除万难、不找借口、全力以赴地去落实。言必信、行必果，同样还是做人的根本。如果一个企业、一个组织，人人都言而无信，人人都在推卸责任，为自己找借口，这样的团队，就像一盘散沙，不会有任何作为。

第二，做事认真、注重细节。

我见证了许多认真做事情的员工，一步一步成为企业的中流砥柱。这些员工并没有高人一等的技能，却拥有无比认真的工作态度。俗话说，凡事都怕"认真"二字。做事认真、重视细节，能够弥补经验上、能力上的不足。举个例子：有一名银行客户经理，在服务客户方面非常细心。每次与大客户接触之前，他都要提前进行一番准备，比如产品的相关资料、需要提问的问题、需要解决的方法以及各种应急预案等。与客户接触过程中，他总能够从客户的行为细节中抓住需求，实现精准营销。做事一丝不苟，不仅是一种工作态度，更是一种优良的工作作风。

第三，增强责任心。

有一些员工，责任心不强，工作上敷衍了事，得过且过。我记得有这么一个人，他负责某企业的质检化验工作。俗话说：质检决定产品质量。但是这个人，在取样、化验等重要步骤上，从不按照相关规定做。他还曾发出如此言论："只要给出化验结果，过程并不重要。"后来，有一个原料，因取样不规范，被其他杂质污染，得出错误的检测结果。这样一个失误，给该公司造成几十万元的损失。工作上的事就没有小事。因此，我们要增强责任心，才能"防患于未然"，为组织创造更多财富。

第四，敢于创新、勇于实践。

创新与实践并不矛盾，甚至是孪生兄弟。创新需要实践去体现，实践需要创新去支持……有一些成员，就非常值得学习。他们深知组织的重要性，为了不拖组织后腿，他们努力提升自己的业务能力和相关专业知识，通过理论结合实践的方式，提高团队竞争力，做团队里最牢固的"螺丝钉"。除此之外，有些人能够大胆创新，希望通过创新改变"传统落后"的管理局面。这不仅是一种尝试，更是一种胆量，一种优秀的工作作风。

第五，遵守纪律，严于律己。

没有规矩不成方圆。任何企业、组织，都有自己的制度和纪律。如果认为某个制度或纪律不合理，就可以无视它、忽略它、挑战它，那么就是对组织的一种不尊重。就像"军人以服从命令为天职"，那么职场人就要以遵守纪律为己任。我们不但要遵守纪律，还要严格要求自己。有一个企业家认为："自己心中的标准和要求要高于企业的规定，这样才能取得突出成绩。"如果我们只是站在"底线"附近观望，稍有不慎，就会越过雷池。

善始善终，善作善成

有一个人，他自幼习画，在三十岁那年，他小有成就，并且在小镇上开了一家画廊。有一年，一个老人来到他的画廊，看了半天，也没有找到自己钟爱的画。

于是这个画家问老人："您到底喜欢什么样的题材？只要你说得出来，我都可以帮您画。"

"真的吗？"老人有些怀疑。

"当然了。"画家信心满满，似乎能够接受各种挑战。

老人从袖口掏出一幅画，这幅画是前朝某著名画家的一幅大作。虽然只是一幅"缩小版"的赝品，但是老人对此喜爱有加。老人打开这幅画，然后向画家提出要求："这幅画的原作是八尺，你能否在三个月内，帮我临摹一幅呢？"画家看了一眼，便欣然答应了老人。

到了晚上，这个画家打开画，准备临摹时才发现，这幅画题材宏大、人物众多，运用的绘画技巧十分丰富，且临摹难度非常大。这样高难度的画作，对他而言，也是心有余而力不足。对于这个棘手的工作，画家也犯了难。

他对自己的妻子发牢骚："早知道如此，就不接这个活儿了！"

"可是你已经接了，接了就要把它完成。否则，你的名声可就因此受到影响。"妻子劝他，希望他能够想尽办法，把任务完成。

为了进一步丰富绘画技巧，画家第二天就跑到京城，拜访名师。他在京城学习半个月，在某些技巧上有了进一步提高。回到家后，当他再次提笔，发现自己有能力临摹出这幅画作。他白天营业，晚上临摹。有时候，为了最大限度地还原原作神韵，他甚至苦思冥想，尝试站在原作者的角度上进行构思。

三个月后，老人如期来到画廊。画家将画慢慢打开，一幅栩栩如生的作品展现在老人面前。老人看到作品非常高兴，甚至不惜溢美之词。此时，画家拿出一个印章，对老人说："美中不足处，就是我的这个印章不能与原作相比。"为了完善这幅作品，画家还是当着老人的面，盖了一下章。

做事要有头有尾、善始善终，方可成就自我。就像学佛的人念经，如果只念开头，恐怕修行也要大打折扣。孔子认为："君子安其身而后动，易其心而后语，定其交而后求。君子修此三者，故全也。"这句话的意思是说，一个聪明人只有安定好自己才会行动，发现他人的心思才会发表意见，与人为友之后才能提出要求。世界上，虽然没有完人，但是能够把该做的事情做好，给组织和领导一个交代，也算是一种自我价值的实现。

但是，世界上还有另一种人，这种人，意志力不坚定，总是受到外界环境的干扰，做事情不能善始善终。我认识一个年轻人，他在某科研团队负责数据分析。数据分析是一项非常烦琐的工作，极其需要耐心。但是这个年轻人在长期大量重复的工作实践中，渐渐失去了耐心，甚至产生了换工作的想法。有朋友劝他："再坚持一阵子，项目攻关成功了，奖金和假期也就有了。"但是这个年轻人并没有听取朋友的建议。当另外一个公司对他抛出橄榄枝时，他果断放下手里的工作，选择了"跳槽"。这一举动，不仅让科研团队猝不及防，甚至令整个团队的攻关也面临着前功尽弃。值得庆幸的是，这个团队在其他成员的协同作战下，还是取得了巨大成功。

我们不能妄评年轻人的人品，但是他的工作作风还是存在一定的问题的。

善始善终，虽说还不能上升到一种"修为"。但是，能够把工作圆满完成，至少是工作态度认真的表现。每个人在接到一项任务时，都要为此负责到底，否则就是一种失职。如今，许多企业、银行都在实行"责任终身制"，即使你跳槽或者退休了，未尽工作，也要终身负责到底。如果我们对分内事不能够尽职尽力，也会给组织和后人留下烂摊子，说得直白一点，就是人品有问题！把组织交代的工作完善到底，难道不就是一件普通的分内事吗？

第四章　坚持不放弃的成功信念

有了渴望，也就有了动机；有了动机，才会产生坚持不放弃的信念。一个职场人，需要保持渴望，让自己长期处于"湿润状态"。只有这样，才能在沙漠里长出绿荫。

保持渴望，向往成功

渴望是一种动力，没有了渴望，也就失去了对生活和工作的热情。比如，一个人对美好的未来充满了渴望，必然会为之努力。有一个企业家表达了自己的用人观："如果一个人渴望得到这份工作，就会表现出强烈的积极性。所以，我为什么不给这些'渴望'出成绩的员工一些机会呢？"

有一个汽车销售员佛朗哥，他最爱《最伟大的销售员》这本书，他非常渴望成为世界上最伟大的汽车销售员。每当朋友聚会，他的眼睛里都会闪烁着自信。有一个朋友问他："销售员这样的工作，简直太普通了！你为何不换一个更有挑战性的工作呢？"佛朗哥解释道："如果把销售做到极致，必然是不普通的。世界上，有许多知名的企业家，都是从销售员做起的。"回到工作岗位上，佛朗哥更像是一个打过"鸡血"的人。在他身上，似乎永远看不到消极、阴暗的东西。

有一次，有一个中年人来看车。中年人看了一圈，也没有找到满意的二手车。佛朗哥问中年人："您打算是代步、旅行还是托运货物呢？"中年男人想了想，然后回答佛朗哥："我想要一辆既能代步、旅行，又能托运货物的汽车。"事实上，这是在给佛朗哥出难题。佛朗哥似乎明白了中年男人的想法，他打算要一辆价格适中，但是车龄较短的二手车。因此，他带着中年男人来到不远处的一排车前，一一向中年男人进行介绍。介绍到一辆二手丰田越野车的时候，佛朗哥故意压低声调，小声对中年男人讲："这辆车，是我们老板的汽车，他准备卖给他的另外一个朋友。实话讲，这辆车的车况非常好，而且驾驶了不到 5 万千米。可惜，他对此没有授权给我。"

这一招儿"对比激将法"果然奏效。中年男人盯着这辆丰田越野车足足有十几分钟，然后对佛朗哥说："我觉得这辆车不错！如果你没有得到授权，是否可以带我见见你的老板？"佛朗哥觉得机会难得，于是给老板打了一个电话。老板认为佛朗哥的做法很聪明，在电话中就对他进行了相关授权。佛朗哥说："感谢老天，我的老板愿意把车出售给眼前的有缘人！"没想到，佛朗哥通过这一招儿，成功将车卖了出去。佛朗哥在这家车行工作三年，成功售出一千多辆二手车。他的名气逐渐在业内远播，后来成为某著名汽车公司销售团队的核心成员。

一个团队中，需要渴望成功的人。我认识一个外贸企业的销售员，当该企业贸易订单锐减、业绩下滑，甚至到了濒临破产的时候，他勇敢地站了出来。通过自己的信念和努力，凭借一己之力，打通了新销售渠道，把即将倒闭的企业拖上岸。后来，这名销售员成为该公司的销售总监，年薪百万元。有的人渴望成功，有的人却失去了激情。现实中，我们看到许多职场人，因为内心需求迟迟得不到满足，便对自己的工作失去了兴趣。他们把工作看作"谋生"，常常内心沉重、心力交瘁，甚至完全失去了工作激情，如同战场上走下来的"战争受伤者"一样。他们失去了动力，对待工作，常常采取一种敷衍了事的态度。还有一些人，用一种"不断跳槽"的方式"抽签"，希望通过这种滑稽的形式撞上大运。事实上，这些做法都是无比荒谬的。如果我们还是一个充满渴望的人，我们就要珍惜自己内心中的这一缕"阳光"，让自己的灵魂保持潮湿。就像电影《比利·林恩的中场战事》中的那句台词：我们只要把门打开一条小缝，阳光就会照进来！

保持对工作的渴望，是非常有必要的！当我们劳累，甚至产生了放弃的念头时，何不给自己安排一场"中场休息"呢？在繁忙的工作与紧张的竞争中，我们要常常变换思维，充分调动身体里的所有"主动性"。只有这样，我们才能初心不变，沿着正确的道路一直走下去。

信念是"坚持不懈"的种子

松下幸之助说："在荆棘道路上，唯有信念和忍耐能开辟出康庄大道。"忍耐我们可以理解，那么信念是什么呢？按照字面解释，信念就是一种"观念"，这种观念，是对某种事物的肯定。信念虽然是看不见、摸不着的，但是对一个人的影响是至关重要的。举个例子：某人对胜利抱有必胜的信念，这种信念就会成为一种内在动力，从而驱使他、鞭策他。

工作也是一种信念，只是许多人不以为然。我身边有许多优秀的职场人，他们把工作看作一生所奋斗的事业。南方某银行，有一个员工叫小王，他负责银行的投行业务。原本，他根本不知道"投行"的概念，后来经过学习，才知道"投行"业务是未来银行的核心业务。为了鞭策自己，他利用业余时间丰富知识，并参加多项学习班学习相关"金融知识"。经过努力，他后来成为投行业务方面的精英，为银行谈成多项业务。从表面上看，小王只不过是一个优秀银行员工的"个例"。事实上，他的内心却拥有一个信念：成为一名最优秀的银行员工！信念是一种难以形容的东西，一旦形成，就如同一颗坚持不懈的"种子"，根植在一个人的价值世界里。就像大作家萧伯纳的那句话："一个人的信仰或许可以被查明，但不是从他的信条中，而是从他惯常行为所遵循的原则中。"

有一个人，他叫圣约翰，身体不健全。年轻时候，他曾经遭受无数人的嘲笑。比如，有人用非常露骨的语言嘲笑他："圣约翰，你会连累自己的父母及家人，而你唯一要做的，就是跪在耶稣面前认真祈祷！"还有人把圣约翰比作"多余的人"，是一名"社会资源"的占用者，而非贡献者。这些刺耳的评论，一度影响到了圣约翰。为此，他还曾经在某年某月某日的某个时刻，选择了自杀。

圣约翰说："是一种信念拯救了我！"这种"信念"是什么呢？许多人都会觉得非常奇怪。他继续解释："是一种求生的渴望。"前面我们讲到了渴望，渴望是一个人生存、工作的动力。事实上，信念比渴望更加坚定而强大，如同一个人的灵魂。对于圣约翰来讲，他有一个愿望，那就是成为某个团队里不可或缺的因素。有时候，他把它归结到"面子"上，甚至把它当作一种尊严。因此，他开始疯狂学习外语，并借此为人生的突破口。

经过三年努力，他熟练掌握了意大利语，并进入某世界五百强公司工作。在外人眼里，圣约翰已经成功了，无须再向其他人证明什么了。但是圣约翰并没有就此止步，他又用了几年时间，攻克了法语和希腊语。他笑着说："是一种信念让我掌握了'它们'，而'它们'又帮助我成为一名出色的翻译官！"后来证明，圣约翰不但成为某世界五百强企业里的一名出色员工，而且还成为某欧洲团队不可取代的重要人物。正如美国前总统亚伯拉罕·林肯说的那句话："喷泉的高度不会超过它的源头，一个人的事业也是这样，他的成就绝不会超过自己的信念。"

信念是一种力量，它能够让一个人坚持不懈、披荆斩棘。有些人，在困难面前变成一条"虫子"，遇到"窟窿"，就会堂而皇之地钻进去。他们把困难当成一种"危险"，甚至是一种"毒药"。我记得有一位企业家谈"领导力"，他这么说："一个领导者，常怀一种信仰。这种信仰，决定团队的凝聚力，更关乎企业成长的高度。"这种信仰，就是一种信念。美国前总统尼克松对"信念"的表述是："我们有必要恢复对我们的理想、命运和我们自身的信念。我们活在世上不只是为了享乐和自我满足。我们负有创造历史的使命——不漠视过去、不毁弃过去、不向过去倒退，而是发奋向前、积极向上，为未来开辟新的前景。"有时候，我们甚至把这种"信念"看成一个人理想生命中的底线。如果触及这种"底线"，就会爆发出前所未有的力量。

我对信念的认识是专心做事、勇往直前、敢于创新、扭转局面。信念是一种勇气，更是一种动力。常怀信念，我们才能成事。

接受平凡，拒绝平庸

世界上，大多数都是平凡的人。人人都想做"领袖"，但是，一个团队的"领袖"只有一个而已。平凡并不是一件悲哀的事，就像森林里的一棵树，可以生长，可以长出果实，可以为人们遮风挡雨，在某些方面，甚至比"领袖"还要出色。作家路遥在《平凡的世界》一书中写道："生活中真正的勇士向来默默无闻，喧哗不止的永远是自视高贵的一群。"平凡有平凡者的光荣，平庸只有平庸者的悲哀。有个哲人说过一句话：我们可以接受平凡，但是拒绝平庸。平庸是"平凡＋庸俗"，是一种碌碌无为、得过且过的表现。作为一名职场人，只有摆脱了平庸，才能体现自己的价值。

其一，要向优秀者看齐。

俗话说，近朱者赤，近墨者黑。与什么样的人在一起，就会变成什么样子的人。我发现一个有趣的现象：职场上有许多人，都喜欢与比自己差的人进行比较。有些地方，称之为"攀伴儿"。举个例子：某人业绩一般，从未得到过组织的表扬和认可。但是某人并没有因此振作精神，而是随口而出："某某的业绩还不如我呢！我这样就挺好的。"这种消极的、保守的思想，在现代职场中是完全不可取的。一个人想要进步，应该向优秀者看齐。认识到自己与优秀者的差距，才能扩大自己的格局，让自己也变得积极、优秀。

其二，要有成就感。

有一些人，总是缺乏自信心，他们认为：企业是老板的，成败与我无关。受这种负面思想影响，这些人缺乏安全感和成就感，也不会把工作当成一种事业来看。那些不甘于平庸的人，则是想方设法地将自己的工作变成自己的事业。从事自己的事业，才能够建立起"事业心"。钢铁大王卡内基说过一句话："成功的人，都有浩然的气概，他们都是大胆的、勇敢的。他们字典上，是没有'惧怕'两个字的，他们自信他们的能力是能够干一切事业的，他们自认他们是个很有价值的人。"如果能够从自己的事业中捡起"事业心"，那么才会带着一种"成就感"去做事。

其三，多读书，多学习。

作家余秋雨告诉大家：告别平庸的方法是多读书！一本书，浓缩着人类思想上的精华。尤其是一本好书，它完全可以改变一个人的人生轨迹。多读书，读好书，坚持做读书笔记，把书中"精华"转化成自己的思想灵魂。培根说："读书使人充实，讨论使人机智，笔记使人准确……读史使人明智，读诗使人灵秀，数学使人周密，科学使人深刻，伦理使人庄重，逻辑修辞使人善辩。凡有所学，皆成性格。"书山有路，学海无涯，读书恰恰是让人超凡脱俗的一种方式。

其四，三省吾身。

古人云："吾日三省吾身，为人谋而不忠乎？与朋友交而不信乎？传不习乎?"一日三省的目的,就是让一个人养成"自查"的习惯。社会上有些人,总认为自己做得很对,完全不需要"自查",直到犯了错误才如梦初醒。一日三省吾身,不仅是一种"纠错"的方式,而且还能够让人学会反思。德国诗人海涅说过这么一句话:"反省是一面镜子,它能将我们的错误清清楚楚地照出来,使我们有改正的机会。"

其五,多鼓励自己。

俗话说,悲哀的人只能做出悲哀的事!现实中的悲剧,多是一些悲剧人物所造成的。我记得有这么一个木匠,他技艺出众,他能够在没有压力的情况下造出一件精美的家具;只因生了一些自卑心,却无法在紧张的情况下穿好一个马扎。还有一些职场人,并不是能力不达标,而是缺乏战胜困难的勇气。因此有人告诫大家:要常常照镜子,并且对镜子里的自己保持微笑。在考验面前,多对自己说几句"我能行!"有了勇气,潜力才能完全激发出来,从而创造出奇迹。

可以平凡做人,但是不可以平凡做事。英国作家菲·贝利这样认为:"不要光赞美高耸的东西,平原和丘陵也一样不朽。"只要我们拥有积极的工作心态,想必就会远离平庸。

第五章 排除万难的担当精神

担当是一种力量，一种宝贵的人格，一种智慧，一种团队不可或缺的重要元素。我们不仅要有排除万难的担当精神，更要将这种"担当"传递给团队里的每一名成员。

从"送给加西亚的信"看担当

敢于负责、敢于担当，是一个人最宝贵的人格。企业和组织离不开担当，国家和家庭也同样离不开担当。担当是一种精神，一种态度。有人说：担当就是撑起一片天，为他人遮风挡雨。形容"担当"的句子有很多，《致加西亚的信》里面，有这样一句话："世界上没有报酬丰厚而不需要承担任何责任的便宜事。当责任从前门进来，你却从后门溜走，你失去的可能是伴随责任而来的机会。"从某种角度看，担当不是"逞能"，担当是一种勇气。

《致加西亚的信》中，罗文中尉在执行命令时，做到了两点。第一点，像军人那样无条件地服从命令，没有找任何借口讨价还价；第二点，甘愿冒着生命危险，排除万难，也不辱使命。如果我们用西点军校的军规去衡量，罗文中尉是完全符合条件的。习近平总书记在谈党的建设、国家发展时，也常常讲到"担当"二字。担当意味着肩负重任，意味着能将历史使命扛在自己的肩膀之上。只有肩负使命、有担当的人，才能在历史进程中留下脚印。

从美国归来的医学博士老何，他被某三甲医院聘为副院长，肩负着医院未来发展的重担。为了提升医院的诊疗水平，他提出三个建议。第一个建议，加大人才储备，进一步引进业内尖端人才；第二个建议，引进先进的医疗设备，加速硬件设施的更新换代；第三个建议，加强医院口碑、品牌建设。为了实现这一目标，老何天天吃住在医院，甚至三个月没有回过一次家。另外，老何作为一名优秀的临床外科医生，每天还要坚持上手术台。

有一天，一个重伤患者被推进医院。临床值班医生认为该患者伤势过重，失血过多，恐怕抢救已经来不及，于是建议患者家属做好心理准备。老何为了给患者家属信心，一方面安排专人做他们的思想工作，另一方面则直接在急诊手术室进行抢救。老何不仅亲自主刀，而且在血浆短缺的情况下，亲自为患者输血。经过四个小时的抢救，患者终于保住了性命，脱离了生命危险。后来患者出院之后，亲自送锦旗，以表达对老何的感激之情。

医者父母心，在老何身上有着很好的体现。他的这种工作作风，也深深影响到其他医务人员。以老何为核心的医疗团队，不仅创造了多项临床医疗奇迹，而且还打造了医院品牌，为这家三甲医院树立了良好的外部形象。当地甚至流传这样一句话："住院看病，找何大夫。"

诸葛亮的"鞠躬尽瘁，死而后已"是一种担当；顾炎武的"天下兴亡，匹夫有责"是一种担当；范仲淹的"先天下之忧而忧，后天下之乐而乐"是一种担当；林则徐的"苟利国家生死以，岂因祸福避趋之"是一种担当。担当可以是多种形式、不同风格的展现，但是它们的"精髓"却是一样的。作家易卜生说："社会如同一条船，每个人都要有掌舵的准备。"现实中，还有许多人没有领悟"担当"的内涵。他们在自己的"管辖范围"之内，工作懈怠、不愿担责，甚至害怕"责任"找上门来。我认识一个企业中层干部，他的人生哲学观是："能推不揽，能卸不担。"如果说，这位中层干部是一个即将退休、即将告别职业舞台的"老人"，我们姑且还能理解；事实上，这位中层干部恰恰是年富力强的人。在这个企业，这样的干部、职工并非只有一人，而是一种普遍现象。后来，这个公司转型失败，所有人都面临破产分流的尴尬境遇。有一些人是不作为，还有一些人是"乱作为"。我认为，这两种极端都是"毒药"，都会对组织和集体造成伤害。

古人言："不厚其栋，不能任重；不敬其业，不能任教。"而另外一句话则是："德厚者流光，业勤者流芳。"我们可以不是业内天才，但是一定要坚持原则、提高修养、坚定信念、武装头脑，以一种乐观、笃定的精神面貌示人。只有这样，才能创造好成绩。

担当是一种责任感

有时候，担当可以与责任画等号。从字面解释，担当就是一种责任感。明朝军事家唐顺之在《与俞总兵虚江书》中言："若夫为国家出气力，担当大任，有虚江辈在，山人可以安枕矣。"这句话的意思是讲，有能够为国家挺身而出、肩负重任的，有俞总兵这样的人在，我可以放心了。许多组织领导安排任务，就希望把工作交到"俞虚江"这等有勇有谋、敢于承担责任的人手里。这类人办事可以排除万难，充分贯彻组织精神，并取得优异的成绩。

习近平总书记讲到"担当"，他是这样解释的："是否具有担当精神，是否能够忠诚履责、尽心尽责、勇于担责，是检验每一个领导干部身上是否真正体现了共产党人先进性和纯洁性的重要方面。"许多企业、组织，也常常用"担当"二字衡量一个员工的职业操守。倘若说，一个人只有学历，但是工作没有毅力，想必也只能浮于表面，无法将事情做好。古人有句话：顺境逆境看襟度，大事难事看担当。如果一个人没有责任感，困难来临，就会像"逃兵"那样抛弃自己的战友与组织，更有甚者，还会"变节"，出卖组织。清代文学家李渔在《比目鱼·伪隐》中写道："不用谙谋，方见才能，好担当，好担当，怪不得人人敬。"这与《孟子》中"爱人者，人恒爱之；敬人者，人恒敬之"这句话，有异曲同工之妙。如果变换一下句式，则是"担当者，人恒敬之"。因此，我们不仅要有远大的志向，更要有担当精神。

某地区有一个化工厂发生火灾，火势蔓延得非常厉害，如果不及时进行控制，就有爆炸的危险。该化工厂有一个负责安全管理工作的处长老李，拨打了119之后，在第一时间赶往火灾现场。他亲自穿上消防服，端起消防水枪，参与扑火。后来119消防人员及时赶到，接管了消防救火事宜。得知老李在救援现场参与灭火，他的妻子打来电话，要求老李脱下消防服，把工作安排给其他人。老李对妻子说："我原本就是企业安全负责人，这么大的事，我怎么能甩手不管呢？"

在老李的组织下，不到半个小时，火势就被完全控制。大火扑灭后，老李的脸上、胳膊上多处皮肤被烧伤。他没有立刻去医院治疗，而是立马组织现场安全会。通过分析、总结，老李找到了火灾原因。会议结束后，一个关于《安全管理与火灾救援》的实施细则便出台了。老李在安全管理岗位上工作近30年，凭借自己的超强责任心，充分保证了该企业的安全生产运行。

这样的故事还有很多，甚至每个人的身边都"隐藏"着这样的人。那么"担当"精神，又有怎样的具体表现呢？

1. "在其位、谋其政"是担当

那些怕担责、怕挨处分的干部、职工，总会在执行过程中"留一手"。

这样做的目的，就是为了推卸责任。如果在其位不谋其政，这个岗位就是空的、虚的，就会给组织管理带来隐患。因此，能够承担起岗位责任，能够弥补或者增强组织管理效能，才是一个人应该做的。

2. "迎难而上"是担当

战场上的第一大忌，是临阵退缩。我记得一个企业家说过一句话："困难是一道分水岭，一边是懦夫，一边是英雄好汉。"困难面前不低头，是一种勇气和胆量；敢于迎难而上，更是一种豪气和魄力。遇到困难就要打"退堂鼓"，就会成为胆怯者和失败者。

3. "立场坚定"是担当

有一些人患上了"软骨病"，这种病的临场表现是"墙头草"、立场不坚定。在压力或者利益诱惑之下，就会放弃自己原有的立场，转而支持他方。这种做法不仅有损个人形象，而且还会损毁集体利益。"立场坚定"不是固执己见，而是一种做事讲究原则的态度。如果一个人没有了自己的立场，就会随波逐流，碌碌无为。

4. "真抓实干"是担当

许多人都有切身体会，企业、组织常常向大家灌输一种"放得开、豁得上"的岗位意识。事实上，许多企业、银行内的成功者，都是通过真抓实干起步的。有一些领导，特别喜欢"较真"的员工，这类人敢抓敢管，作风硬朗，敢于向社会不文明现象说"不"。

《孟子·告子下》："故天将降大任于斯人也，必先苦其心志，劳其筋骨，饿其体肤，空乏其身，行拂乱其所为，所以动心忍性，曾益其所不能。"而这种"大任"，必须是有担当、有勇气、有智慧之人才能胜任。

担当是锤炼，更是使命

一个国家有一个国家的使命，一个企业有一个企业的使命，一个人也有自己的使命。不管这个"使命"是什么，人们都会朝着这个方向去努力。我们看到，许多企业都以"担当责任，肩负使命"为灵魂，在构建组织框架过程中，也会将这个灵魂灌输给每一个人。马克思说过一句话："作为确定的人，现实的人，你就有规定，就有使命，就有任务，至于你是否意识到这一点，那是无所谓的。这个任务是由于你的需要及其与现存世界的联系而产生的。"这个使命，可能来自国家、企业、银行、某个组织……甚至是自己。军人的使命是保卫国家，医生的使命是救死扶伤，教师的使命是传道授业，银行员工的使命是服务客户、满足客户需求。一个人被赋予了使命，也就要尽责任和义务。

某生物制药公司，有一名销售代表叫张蕾。张蕾只是一名普通的OTC（非处方药）医药代表，她主要的业务就是跑各大药店，帮助药店对相关药品进行促销，从而提高公司产品的销售量。OTC医药代表的薪水不高，但是工作强度非常大。许多人坚持不了多久，就会选择跳槽或者放弃。

有一次，张蕾来到某药店做促销活动。药店店长看到张蕾身边又换了一个搭档，便好奇地问张蕾："你怎么又换搭档了？难道之前那个搭档也辞职了？"张蕾点点头。药店店长继续问："你们公司的待遇也不是很好，你为什么不走呢？"张蕾回答："或许我的想法跟他们不太一样吧。"

事实上，张蕾有自己的打算。她一直认为：公司赋予的不仅只有信任，还有一种使命。虽然自己对这个使命来说显得十分渺小，但是她坚信，通过自己的努力，一定会取得成功。凭借这种动力，她坚持做终端销售工作。终端销售是一种磨炼，张蕾也在这种磨炼下渐渐成长。后来，该生物公司推出一款新药。新药刚一上市，张蕾就借助自己的关系网络，迅速为公司打通了终端销售渠道。仅仅一个月，就销售药品万余件，成为全国明星销售片区。张蕾的努力，也换来公司更高的平台。公司提拔张蕾为大区域经理，分管全省十几个地市，她也因此成了一名不折不扣的中层管理者。

亚伯拉罕·林肯说："每一个人都应该有这样的信心：人所能负的责任，我必能负；人所不能负的责任，我亦能负。如此，你才能磨炼自己，求得更高的知识而进入更高的境界。"一个人，生来就有使命。身为人子的使命，是光耀门楣、赡养自己的父母；身为学子的使命，是"为国之栋梁，为建设国家"而读书；身为父母的使命，是培养儿女、为其树立榜样；身为团队一员的使命，是凝心聚力、帮助组织发挥合力。如果把使命当作一个目标，我们就应该朝着目标努力前进。

著名心理专家维克多·费兰克则认为："每个人都被生命询问，而他只有用自己的生命才能回答此问题；只有以'负责'来答复生命。因此，'能够负责'是人类存在最重要的本质。"因此，我们还可以得出一个结论：使命是人存在的价值和意义。现实中，许多人并不以为然。我认识一个年轻人，他总觉得世界对他"亏欠"，无论他付出多少，都应该有所收获。后来，这个年轻人进入了一家互联网公司从事电脑编程。枯燥的工作，他一干就是几年，疲劳与孤独让他逐渐失去了人生方向。在物质与精神得不到满足的情况下，他竟然将公司的"机密"高价出售给竞争对手。后来，这个年轻人因"泄露商业机密"被公司告上了法庭。一个有担当、有使命的人，不仅是阳光的，而且是忠诚的。在一个团队里，一个人的使命甚至与团队的使命是相得益彰、不谋而合的。

作为一个人，一个组织成员，我们都要牢记自己的职责，肩负起自己的使命。只有勇于担当、不畏困难，才能不忘初心，赢得掌声。

担当：舍我其谁的团队魅力

担当，还会给团队增加凝聚力和战斗力。例如，里约奥运会上中国女排夺冠，向世界展现了团队精神，给观众留下了深刻印象。一个战斗力强的团队，如同狼群一般。狼群中的每一只狼，它们分工明确，各司其职，永不退缩，进而形成强大的围捕阵势。如果这些狼群中，出现一只胆怯怕死、主动退缩的，就会给狼群布下的"阵"留下软肋，从而被敌人逐个击破、一一化解。一个团队，如果有了叛徒或者"害群之马"，就如同一粒老鼠屎坏了一锅汤。有团队意识、有责任感、能够担当重任的人，才能成为团队的核心，持续为团队提供能量。我认为，作为一个团队成员，要树立五种意识，才能体现担当精神。

第一，服从意识。

俗话说，少数服从多数，个人服从集体。一个人，只有把自己当作团队中的一员，才能真正领悟服从的内涵。服从不是一种妥协，而是一种接受命令、履行职责的方式。如今，许多人崇尚自由，不服从管理，甚至有这样一种言论：我的地方我做主，我为自己代言。如果从集体角度来看，这种行为是自私的、不成熟的、难以担当大任的。绝对服从，是一个职场人的职业特点。如果做不到服从，恐怕只能做工作之外的"闲云野鹤"了。

第二，大局意识。

大局意识是服从意识的升华，是一种个人服从集体的精神升华。通常来讲，组织带头人拥有大局意识，只要把住舵、坚持航线不变，就能冲向海洋，创造奇迹。在一个集体中，是不是只有带头人需要拥有大局意识，其他成员还需要大局意识吗？答案是肯定的。每个人有相同的眼界和意识，才能在认识上、思想上与团队组织者达成共识。因此，在会议中，领导总会提到四个字：高度一致。所谓"高度"，就是思想高度和行为高度。

只有保持"高度"上的一致，才能形成合力。

第三，合作意识。

团队不是一个人的，而是大家的。就像一个家庭，每个成员分工明确，但又需要相互合作。"丈夫"的角色是赚钱养家，协助"妻子"管理家务；"妻子"的角色是相夫教子，协助"丈夫"处理各方关系……有时候，团队中的成员与成员之间，关系似"夫妻"又似"亲人"，似"兄弟"又似"朋友"，相互合作、相互补充。当今社会，越来越重视团队作战，孤胆英雄时代已经一去不复返。在团队作战过程中，彼此之间团结互助、互相帮衬、相互体谅，才能发挥团队战斗力。众人拾柴火焰高，就是一种"合作意识"的具体展现。

第四，行动意识。

俗话说，光说不练假把式。许多团队成员总是通过"激将法"让自己的同事多出力，而自己却偷偷留力。这种行为是一种懒惰，还是一种不道德的行为。从根本上讲，这类人缺乏行动意识，没有把行动当作通往成功的阶梯。一个有责任心、有担当的人，一定是一个"行动派"。有人说：一个行动胜过一堆计划。如果我们原地不动，或者在行动之前找借口，那么我们就无法成为团队中"不可或缺"的关键因素，只会拖组织的后腿。

第五，责任意识。

德国思想家歌德认为："责任就是对自己要求去做的事情有一种爱。"而英国前首相丘吉尔则说："高尚、伟大的代价就是责任。"责任是一种担当，还是一种爱，一种团队黏合剂。责任意识，就是一种能够让人想方设法做好事情的原动力。有了责任意识，人们才能在团队工作中分饰自己的角色，才能把自己彻底融合到团队里。

电视剧《亮剑》里李云龙说过一句话："事实证明，一支具有优良传统的部队，往往具有培养英雄的土壤。英雄或是优秀军人的出现，往往是由集体形式出现，而不是由个体形式出现。"而这种"亮剑"精神，就是一种担当精神。如果每个人都能在团队中"亮剑"，就能打赢无数硬仗。

PART2

第二部分

开门红要重塑自我

第六章　明确岗位，安分守己演角色

　　人最大的聪慧，是对自我的认识。能够看清自己、了解自己，才能够给自己一个可靠的定位。有了这个定位，我们还要给自己安排一个"角色"。安分守己演好自己的角色，才能体现自己的价值。

给自己一个合理的定位

　　人一生最重要的一个使命是"认识自己"！许多人认为，认识自己是非常简单的，读懂他人却非常困难。事实上，人们对自己的认识，与人们对"地球"的认识是相似的——常浮于表面，看不清自己。俗话说，当局者迷，旁观者清，就是这个意思。古希腊德尔斐神庙的阿波罗神殿上的一根柱子上，也刻着醒目的一句话："人啊，认识你自己。"只有认识自己，读懂自己，了解自己的能力与愿景，才能从实际出发，给自己一个合适的定位。

　　古代有一个人叫罗斯，他认为自己是世界上力气最大的人。他几乎打败了镇上所有的人。因此，镇上的人给他起了一个外号——大力神罗斯。

　　有一年，这个国家的皇帝找到了一个宝藏。但是这个宝藏被一个巨石闸门封住了。想要打开这个闸门，需要借助人力推开。为此，皇帝招募天下勇士。皇帝承诺：凡是打开石门者，便可以与他一起分享这笔财富。罗斯听到这个消息后，非常兴奋。他开始幻想，这笔财富已经握在自己的手里，任何人也抢不走。

　　罗斯来到招募现场，与其同场竞技的勇士还有数以百计。他们先要进行海选，从里面选出最优秀的十个人。起初，罗斯的成绩名列前茅。当他顺利通过海选进入第二轮选拔的时候，他才发现：自己并不是世界上力气最大的人。他只能举起 200 千克的巨石，另外一个叫索萨的家伙，竟然能够举起 300 千克的巨石。乐观的罗斯成了悲伤的罗斯，事实上，他只是比普通人力气大而已，与那些真正的大力神相比，简直是小巫见大巫。

　　罗斯被淘汰出局，回到镇上，许多人问罗斯："大力神先生，你推开宝藏前的石门了吗？"罗斯只能低头不语。后来那些人得知了真相，他们又给罗斯起了一个新外号，叫"吹牛罗斯"。

　　俗话说，人贵有自知之明。何为自知之明呢？就是能够明白自己的优点和缺点，能够对自己进行正确评估。还有一句话叫，有多大本领做多大的事。如果你的能力只能达到 B 级，你就无法胜任 A 级的工作。老子曰："知人者智，自知者明。"意思是讲，读懂他人的是聪明人；读懂自己的是明白人。首先，要做一个明白人；其次，才做一个聪明人。如果自己还是糊涂、无知的，又怎能读懂别人呢？就像《荀子·荣辱》中的那段论述："自知者不怨人，知命者不怨天。怨人者穷，怨天者无志。失之己，反之人，岂不迂乎哉？……故君子道其常，而小人道其怪也。"那么如何才能给自己一个准确的定位呢？

　　首先，要学会"取舍"。人生一世，有许多选择。这个"选择"，不仅仅是职业，还有做事的方式方法。A、B、C、D 项摆在面前，你要选择一个适合自己性格的、符合自己处事习惯的、在自己驾驭范畴的方法或者角色。如果我们无法学会"取舍"，甚至把这种单选题当作多选题做，就会超出你的能力范畴，绊住你前进的脚步。

其次，要找到"位置"。这里的"位置"，有三个层面的意思。第一层，是自己的工作层面。比如自己处于执行层，就要做执行层的工作，不能超纲，不能越级。做好执行工作，就是一种自我定位。第二层，是自己的能力层面。一个人可以创造200万元的财富，但是绝不可能创造200亿元的财富……这是能力决定的。就像前面所讲，有多大能耐就做多大的事情。第三层，是自己前进的层面。虽然一个人的"潜力"是无限的，但是这种"无限"，更多是一种比喻。一个人能够走多远，与自己的能力、毅力、人生定位都有非常大的关系。因此，我们要常常问自己、肯定自己、鼓励自己，怎么才能做好？怎样才能更好？

最后，要调整"步伐"。俗话说，走得慢会掉队，走得快会离队。在自己的人生路上，我们要想尽办法让步伐与能力保持一致。路途有高低起伏，步伐也有轻重缓急。该快的时候快，该慢的时候慢。只有这样，才能做到脚踏实地、一步一个脚印。

世界上，每个人都有自己的位置。只有找到属于自己的位置，才能扎根立足、开花结果。

安分守己是团结的基础

讲到团队，我们首先会想到团队精神、协作精神、执行力等，但却常常忽略另外一个关键因素：安分守己。或许有人质疑：安分守己不是一种做人的方式吗？与团队有何关系？我反问一句：如果一个人连"安分守己"都做不到，如何才能在团队中起到中流砥柱的作用呢？安分守己不是贬义，而是老实本分、能够按照规矩办事。

有一个叫刘三的人，他不是一个"安分"角色。他在某煤矿井下工作，是一名不折不扣的煤矿工人。这样的工作非常艰苦和危险，并且需要所有人进行配合，才能完成使命。刘三这个人，喜欢偷奸耍滑，他总是看着别人做，而自己却躲在一旁偷懒。

有一次，该煤矿挖掘隧道，出现一道裂缝。按照正常处理，需要煤矿工人用"铁柱子"顶起来，然后用水泥将裂缝浇筑起来，从而排除危险。于是，队长把浇筑缝隙的任务交给了刘三。但是刘三不以为然，他认为：按照以往的经验，这样的裂缝是一种"浅裂"，根本不会造成塌方。于是，他并未按照领导的吩咐，只是随便做了做样子，敷衍了过去。除此之外，刘三还经常从井下带一些"废铁"上来贩卖。说是废铁，实际上是井下操作脱落的螺丝、钢筋、角铁之类的。他不但没有及时上报，反倒变成了"偷铁贩子"。

几个月后，井下发生一起惨重的事故。裂缝处坍塌下一块巨石，将一名井下工人砸成重伤。工友们都知道裂缝是刘三处理的，于是用一种严厉的口吻质问他："这个事故是你造成的吧？"后来，刘三受到严厉处分。因为刘三的不安分，煤矿和他个人都在这次事故中损失惨重。

"安分守己"一词，有这样的解释：既是清白，又是心无杂念、待人诚实、做事扎实、不"见财起意"、不"鬼迷心窍"、不"见色忘义"，安安分分，奉公守法，从不做亏心事。因此，安分守己是对一个人极高的评价。古人云：为人君，止于仁；为人臣，止于敬；为人子，止于孝；为人父，止于慈；与国人交，止于信。这句话的意思是说：做君王要做到仁爱；做臣子要做到恭敬；做人子要做到孝道；做父亲要做到慈爱；与国人交往要做到诚信。这是为人的智慧，更是一种做人的本分。事实上，安分守己就是一种做人的"智慧"。

在一个团队中，这种"安分"似乎更难能可贵。我认识一名银行保卫人员，他的工作就是给银行提供"保护伞"。这个人数十年如一日，在工作期间不但保障了银行零盗窃，而且在风险管控方面也起到了重要作用。后来，这位银行保卫人员成为了保卫科长，又从保卫科长走上了风险办主管的岗位。除此之外，"安分"还是一种团队稳定因素。一位公司老板曾经说过："对于一个企业而言，安分守己的人越多越好。"一个企业、一个组织、一个团队，都需要稳定，只有稳定和谐，才能一步一步走上成功。一个国家要想走向繁荣，必须有稳定的社会政治体系和工、农、军事业的基础；如果一个国家内忧外患，不仅无法崛起，而且还有走向覆亡之势。再举个例子：如果一个企业，员工总想着跳槽，中层干部总想着假公济私，高层领导总在争夺权力，那么这样的企业很快就会倒闭；倘若一个企业，员工认真踏实工作，中层干部发挥"承上启下"作用，高层领导善于授权、有开阔的眼界和思路，那么将会是另外一番景象。

如果一个人不安分，内心也会跟着躁动起来。这种躁动，首先会影响到自己的情绪，然后会改变自己的行为方式。假如，组织让他向东，恐怕他就会向西。不安分还会让人迷失自我，就像那些喝醉酒看镜子的人，总认为自己是最勇敢、最出色、举世无双的。实际上，他只是醉了而已，早已经分不清东西南北。因此，我们要做一个安分的人，至少在自己的岗位上，还是安分一些的好。

在其位就要谋其政

孔子曰："不在其位，不谋其政。"意思是说，不在那个位置上，就不去考虑那个位置上的事情。社会上有一类人，喜欢多管闲事，不是自己分内的事，也喜欢指手画脚、评头论足一番。还有一些人，官瘾特别大，凭借自己手上的权力，胡乱作为。与这类"乱作为"相呼应的是，有些人是在其位不谋其政。

　　某企业有一个中层干部叫老吴，他的哲学观是不参与纷争，不参与任何决定。如果他是一名员工，这样的想法是非常好的，老老实实把分内事做好就行了。但是他，是一名负责企划的中层干部，不仅要做大小决断，而且做出的决定对企业来讲，非常重要。老吴非常喜欢玩，常常挤出时间，去游山玩水。休息期间，他的手机会处于关机状态，即使是总经理，也联系不上他。

　　有一年，企业转变经营思路，调整人力岗位，要求企划部出台一个人力调整计划。得知老吴握着人员调整的大权，一些员工便开始走后门，对老吴进行攻关："吴总，我这都快退休的年纪了，你帮我想想办法，就让我留在现在岗位上吧。你帮了我，我绝对不会忘了你的！"还有人找到老吴，直接用金钱进行贿赂。对于胆小怕事的老吴而言，这种"钱"他肯定不会收。但是迫于这种压力，老吴又不想因此得罪其他人，便直接将人力调整计划的任务全权委托给他的副手制订。

　　一个月后，人员调整计划表交到了总经理的手上。总经理看了之后，非常生气。这个调整计划几乎跟现有安排出入不大，核心位置上的人员变动改革几乎为零。总经理对老吴进行了一番严厉教育，并提醒老吴："我们做领导的，不仅要为企业负责，更要为自己负责！"

在其位谋其政，仅仅只是一种本分。就像夫妻一样，丈夫工作养家是尽丈夫的本分，妻子相夫教子协调家庭关系是尽妻子的本分。尽本分，就是一种做人的基本原则。如果一个人连最基本的义务都无法履行，恐怕就很难要求他做其他事情了。在其位谋其政，还是一种"正名"。"名不正，言不顺"，也就如同"不在其位"，不需要尽义务。在其位谋其政，就是一种名正言顺的体现。正如子路因孔子的"正名论"而笑他迂腐的时候，孔子对子路的批评是："名不正，则言不顺；言不顺，则事不成；事不成，则礼乐不兴；礼乐不兴，则刑罚不中；刑罚不中，则民无所措手足。"有了这种"名"，才能大刀阔斧、堂堂正正地去做事。

在其位谋其政，是一种责任。要求人们在那个位置上，就要对那个位置负责。我认识一个人，他是某公司的部门经理。此人家事繁多，常常因此而分散工作精力。有一年，公司交代给他一项艰巨的任务，这个任务直接决定公司未来几年的发展。在关键时刻，他的家庭又出现了变故。他只能一边应付工作，一边处理家庭问题。这种两头兼顾的方式，在困境面前，就很难奏效了。结果，家庭矛盾没有解决，公司交代的任务也没有完成。后来，公司总经理以能力不足为由，将其调至后勤岗位负责档案管理，他的位置则由一个年富力强、责任心强的新人代替。在其位不谋其政，完全是一种资源上的浪费。许多企业制定岗位绩效考核，目的就在于防止这种"失位"。

当下激烈的人力竞争环境中，恐怕没有哪位企业老板会给在其位不谋其政者以"失位"的机会。三天没人管，就有人顶上。在其位不谋其政，是一种保守的、愚蠢的选择，完全是一种不给自己留退路的做法。因此，我们要珍惜自己的岗位，爱惜它、尊重它。只有这样，才能收获希望和梦想。

第七章　明确任务，履行自己的职责

任务与职责，如同"夫妻"，配合得好，才能真的好。作为一名组织成员，只有树立一种完成任务的意识，充分厘清思路，消除借口，多鼓励自己，才能充分践行人生价值观。

树立完成任务的意识

心理学家弗洛伊德说过一句话："人生就像弈棋，一步失误，全盘皆输，这是令人悲哀之事；而且人生还不如弈棋，不可能再来一局，也不能悔棋。"人在职场，执行任务也如同下棋。有些人"下棋"过程中遭遇难题，很早就认输；有一些人"棋艺不精"，水平不够，也会自甘认输；还有一些人更为奇葩，专门挑选"臭棋篓子"博弈，赢了之后也会自夸一番，实则是一种自嘲；还有一些人在下棋过程中，被其他事情所吸引，竟然弃棋局而去做别的。俗话说，军人以军令为荣，只要活着，就要把任务完成。职场人身在职场，被组织雇用、任用，难道不也是同样的道理吗？因此，我们要树立完成任务的意识，才能体现自己的生命价值。

有一个长跑运动员，他从小刻苦训练，希望有朝一日成为世界冠军。他虽然有很远大的理想，但是他的天赋一般，连教练都没看好他。有一年，他报名参加了城际马拉松比赛，这项赛事有很多有实力的选手。参加这样的赛事，他一是为了积累经验，二是为了挑战自己的极限。40千米艰苦赛程，刚开始不久，他就感受到了竞争的激烈。他跟在一名日本选手后面，采用跟随跑的方式前行。赛程过半，看到有些选手开始加速，他也跟着加速。但是没想到的是，这种加速提前透支了他的体能，无奈之下，他只能提前选择退赛。

退赛之后，他成为了一名赛场前的观众！他看到一个个的选手顽强闯过终点线的时候，心里很不是滋味。他心想：如果自己的意志力再顽强一点，恐怕就不会中途退赛了。当最后一名选手拖着受伤的腿，一瘸一拐迈过终点线时，他竟然流下了眼泪。

一个月后，他又参加了另外一项马拉松赛事。这一次，他依旧采取跟随跑的方式。赛程到了一半，有些人体能不足、逐渐放慢脚步，有些人体能十分充沛选择了加速，而他依照内心的指引，结合自己的体能调整着自己的步伐。即使在体能透支状态下，依旧有一个声音在鼓励他："马上就要到终点了，胜利就在前方！"这一次，他成功冲过了终点。虽然成绩一般，但是他坚持跑完了全程。此后十年，他几乎每年都要参加2~3项国际性的马拉松赛事。虽然没有一次站上领奖台，但是完成任务后的自豪感和幸福感却一直挂在他的脸上。

事实上，完成任务并不是一件"高尚"的事情，甚至这仅仅是最基本的工作。举个例子：某球队老板给球队定下的目标是保级，联赛结束前，能够保级只是一个基本目标而已。如果球队成绩好，名列前茅，这就叫超出目标；如果球队不幸降级，也就是没有完成既定任务。那么如何才能顺利实现保级，完成任务呢？我认为，可以遵从"三步走"的原则，逐渐培养一种"任务"意识。

第一步，接受命令。

许多人完不成任务的原因，是本质上抵抗命令，认为命令不公平，或者执行难度太大。如果对命令抱有这样的偏见，恐怕就很难将任务执行、贯彻到底了。因此，我们要树立无条件接受命令的意识，才能把任务当成自己的人生功课。

第二步，树立信心。

有一名足球运动员，非常有天赋和实力，教练对他寄予厚望。但是这名球员心理素质很差，只要是重要赛事，就会发挥失常，后来有球迷给他起了一个外号叫"阿斗哥"。"阿斗哥"因为缺乏信心，颇让教练员头疼。甚至还专门为他请了心理辅导医生。后来，"阿斗哥"大场面见识多了，自信心也逐渐有了。他逐渐摘下了"阿斗"的帽子，为球队赢得多个冠军。因此，树立自信心非常重要。

第三步，坚持不懈。

钱学森有句名言："不要失去信心，只要坚持不懈，就终会有成果的。"许多人之所以失败，只是因为缺乏"持之以恒"的精神而已。因此，我们要培养一种坚持不懈、不畏艰难的意识，我们才能走向终点与成功。

完成任务只不过是职场上的一件普通的事情，而我们更应该将任务完成得漂亮，给组织一个更好的交代。

厘清思路，为执行任务做准备

许多人难以将任务执行到底，或者中途执行不下去了，原因到底是什么呢？分析原因有如下几点：其一，没有领悟旨意。许多人执行任务的方式非常盲目。组织分给他一个"任务"，让他执行到底，因为缺少一个"标尺"，这个任务就无法完成。因为他心里没有底，无法对旨意进行衡量。其二，没有熟练的技能。简单地说，一个技艺不精者是无法完成任务的。只有技高一筹，才能够掌握住局面，从而形成突破。其三，没有坚强的毅力。意志力能够决定很多事情，没有意志力就会退出执行。事实上，能够将任务执行下去，是非常困难的，甚至需要提前做足准备。

有一个木匠，他技艺超群，甚至有着"改变世界"的能力。有一年，他所在的村子外有一条河流洪水泛滥，将村里的所有人封闭在里面，甚至连吃饭都成了问题。为了改变这个现状，村长决定修一座桥。洪水退去，村长找到这个木匠，问他："你是村子里手艺最好的，能给村子修一座桥吗？"

木匠说："我只是一个木匠，只会做木匠活儿。桥梁是土木工程，不是我的强项啊，你还是找其他人吧！"但是村长认定了木匠，希望他能够完成这项重要任务。经过三天三夜的劝说，木匠还是接下了这个艰巨的任务。

木匠是个聪明人，而且还是一个讲规矩的人。比如做一把椅子，他会提前准备好工具、木头、刨子、钢锯等，然后画一张图纸，根据图纸再进行测量、切割、钻眼、打磨、安装、刷漆等工作。一套工序下来，一把漂亮的椅子才能呈现在人们面前。对于建造桥梁这种大事，这个木匠更是小心谨慎。他先是找来其他工匠开会研讨，对桥梁项目进行了分工。比如，木匠负责设计、木工等项目，石匠负责采石、运石和基建等项目，会计负责预算，出纳负责付账，村长负责验收等。任务不仅得到了明确分配，而且思路清晰，就像一张开工图纸一般。

开工之后，工程按照既定计划进行。半年之后，一座漂亮的拱桥跨在河流上方，这座桥既美观，又有实用价值。自此之后，这个村子再也没有受到洪水的危害。

从这个故事里，我们可以悟出一个道理：想要完成任务，首先要理顺执行任务的思路。比如，一个人喝醉了酒，大脑处于混乱状态，如何才能安全驱车开往目的地呢？醉驾不仅是一种犯罪，而且无法厘清思路。那么，如何才能把执行任务的思路进行梳理呢？

1. 写出难点

不管任务大小，都存在执行的"难题"！那么"难题"到底是什么呢？事实上，大多数人接到任务后，都会有紧张和顾虑。既然如此，我们应该把紧张的原因和顾虑的方面落实成文字，打上问号，再寻找突破方法。

2. 找到重点

世界上任何一个难题都存在突破口，除非这个难题是一个无解难题。事实上，一个企业、组织、老板绝不会把一个无解的难题抛给一个员工。布置给员工的任务，通常是可以实现的。因此，我们应该找出任务的重点，然后具体问题具体分析。

3. 进行排序

即便是同一个任务，也存在轻重缓急的问题。因此，我们要对任务中的各个"节点"进行排序，可以按照由易及难，也可以按照时间顺序进行排列。对"节点"进行排序，如同在一条执行线上画上坐标。只有这样，我们才能在执行过程中了解进度。

4. 准备工具

执行任务，都需要一定的工具。这种工具可能是有形的，也可能是无形的。比如，我们常常借助有关工具处理绩效管理的问题，还常常借助工具解决销售的问题。俗话说，工欲善其事，必先利其器。准备好"圆规"，才能画出"圆"。

史蒂夫·乔布斯说过一句话："当你决定什么事情对你来说最为重要

时，你必须有勇气愉悦地、带着微笑地、不需辩解地，去对其他事情说'不'。因为你说'不'的时候，内心里熊熊燃烧着更大的'是'的决心。"因此，当我们面对一个任务时，不需要惊慌失措。只要多一些耐心，多花费一些心思，想必就能理顺思路，把任务做好。

尽责的目的：让执行到位

现实中，存在许多执行不到位的现象。比如有些人虽然完成了任务，但是其他衔接工作却做得不到位；比如监管之下依旧存在各种漏洞等。执行工作很简单，但是把工作完全落实到位却很难。如同张瑞敏说的那句话："什么叫作不简单？能够把简单的事情天天做好，就是不简单；什么叫作不容易？大家公认的、非常容易的事情。非常认真地做好它，就是不容易。"作为一名团队成员，不仅要无条件地接受任务，还要想尽一切办法把任务执行到位。就像《致加西亚的信》的罗文中尉，排除万难也要把信亲自送到加西亚的手里。那么，如何才能将工作执行到位呢？

1. 培养责任心

每个人天生都具有责任感，但是这种天赋，需要通过一定的手段激发出来。比如说，有些出租车司机总会一边放着音乐，一边欣赏沿途风景，这种做法是极其危险的，对自己和乘客都是不负责任的。责任心的第一层面，是对自己负责。就像马斯洛的"需求层次论"，每一种需求也对应着一种责任，这种责任只是与自己息息相关。责任心的第二层面，就是对他人、组织负责。这种责任心是在自我负责的基础上发展而来的。除了这种天赋，还有一种责任心是后天培养的。比如通过读书学习、参与实践，提升自己的道德情操和胸怀，这种责任意识就会逐渐培养起来。

2. 消灭借口

事实上，一个人在漫长的执行过程中，不可能不会找借口，如同耶稣说的"人们是软弱的"。在困难面前，人们会找各种借口，为自己寻求帮助；在不利面前，人们会找借口，为自己找到一个平衡点；在失败面前，人们会找借口，为自己开脱。借口，就是借自己的嘴巴欺骗自己！借口，其实就是一种掩耳盗铃的行为。因此，我们要想尽一切办法消灭借口。消灭借口都有什么方法呢？

（1）自查。看看自己是否存在找借口的行为。如果存在，就需要将这些借口以文字的形式，写在纸上。这些借口中，哪一些可以调整心态进行克服，哪一些需要借助工具进行克服。

（2）把"不关我的事"当成"必须做好的事"。现实中，"事不关己、高高挂起"是团队内存在的一种常见现象。原本属于自己管辖的范畴，但是因为是多人共同监管，就会把自己的责任撇到一边。有利于己的事，就管一下；没有利于己的事，就借机走开。因此，我们要坚持原则，坚守本分，常常对自己说："这是我的事，我一定要做好。"

（3）给自己勇气。有一些人的借口是非常简单的，他们会直接大声告诉你：我真的不行，能力不够，你还是找别人吧！面对这样的借口，许多团队领导也无从应对。如果仔细分析一下，并非是能力不够，而是态度不端正。那些胆小的朋友，应该常常鼓励自己，多多去尝试；那些态度不端正的朋友，应该端正工作态度，把责任与任务结合在一起。

3. 多进行沟通协调

许多执行不到位是配合协调不当造成的。需要提醒的地方没有提醒，需要配合的地方没有配合。作为一个团队，执行到位的前提就是沟通。如果你是一个内向的、不善言辞的人，也要通过其他形式上的沟通，把需要配合交代的事情交代完毕。如果你是一个外向的、善于交际的人，一定要多进行语言上、思想上的交流，让任务中的每个"点"，都充分调动起来。只有相互补充、相互协调，才能把任务落实到位。

IBM公司有一个企业用人观："员工能力与责任的提高，是企业成功之源。"对于职场人，尤其是一个组织内的成员而言，只有消除借口，树立一种责任感，多进行配合协调，才能把工作落实到位，给组织一个交代。

第八章 自我加压，不断进步

从古到今，人类用一种文明进化的方式，展示出自己的智慧和潜力。如果我们仔细思考，文明和智慧的背后，是否还存在着一些奥秘？

端正态度，提升工作能力

俗话说，态度决定一切。最出名的例子，恐怕就是博拉·米卢蒂诺维奇带领的那支闯入"日韩世界杯"的中国队。他曾经认为：如果一名球员的态度不端正，赛场之上他一定不会拼尽全力，稍有不慎就有可能被对方攻入球门。如果一个人态度端正、工作积极，在某些方面可以弥补能力上的欠缺，这就是人们常说的勤能补拙。宋代哲学家张载认为："人若志趣不远，心不在焉，虽学不成。"意思是说，如果一个人没有远大的志向和端正的态度，即使刻苦学习也无法取得成就。由此可见，"态度决定一切"是一句至上真理。

有三个人，他们同时被公司派往某港口从事物流工作。第一个人，他工作非常勤勉，每天早晨八点，他会准时出现在码头上的货源前。他认为：货源就是财富，守住货源，就等于守住一座金山。

除此之外，他一直守在配货现场，主动为车辆安排装货，而且态度和蔼，与物流司机和码头工作人员打成了一片。第二个人，他比较"聪明"，他将配货的权力授权给某物流车队队长，让这个人顶替他现场配货的工作，而他更像是垂帘听政的"慈禧"。如果配货工作出问题，他再驱车前往现场进行现场处理。第三个人，我们可以用甩手掌柜来形容。他不仅不亲临现场，甚至连装货车辆信息都懒得记录。每天晚上，他只是去码头地磅记录一个装货数字，其余的时间则用来享受生活。虽然三个人都能够完成配货工作，但是细节上却有较大区别。

第一个人，他不仅出色地完成了配货工作，而且牢牢掌握了各个配货车辆信息，对港口现场的控制也做到了极致。第二个人，他也完成了配货任务，当领导过问码头现场情况时，他却无法进行如实描述。第三个人，他仅仅只是完成了任务而已，但是对现场的详细信息一概不知。后来，公司领导分别看了三个人的工作总结报告，就发现了三个人工作上的差距。态度最好、工作最积极的第一个人，为领导提供了翔实、重要的第一手信息，这些信息与公司利益息息相关。因此，第一个人被提拔成中层干部，而第三个人则被直接调离了原岗位。

1. 端正态度从认识本职工作开始

当前有一些人，自认为学历高、能力强，对公司安排的岗位产生了一种蔑视心理。有一个从事档案整理工作的大学毕业生这样说道："对我而言，这样的工作是一种侮辱！"事实上，这位大学毕业生即使做这样的简单工作，也总是在出错。还有一些人，则非常尊重公司安排的岗位。从第一天开始，他们就非常重视，并且能够在平凡的岗位上体现自己的价值。有人问："如果不喜欢这个岗位，如何才能端正自己的态度呢？"我认为，要养成一种习惯，培养一种兴趣，也就是养成一种负责任的工作习惯，培养一种岗位兴趣。只有这样，我们才能逐渐克服眼高手低的毛病，让自己的工作态度逐渐端正起来。

2. 端正态度，要有一个好心态

心态好的人，总能将被动转化为主动；心态不好的人，恐怕就会在自己的岗位上得过且过、破罐子破摔。如今，许多人都会讲到空杯心态。空杯心态是什么呢？简单地说，就是放空自己，不要把自己看得过于重要。自己的分量轻了，岗位工作的分量就重了。如此一来，我们才会尊重自己的岗位和工作，才能把工作做好。

3. 端正态度，养成好的工作习惯

有位哲人说过一句话："种下一种习惯，收获一种性格；种下一种性格，收获一种命运。"另外，培根有过类似的表述，他认为："习惯真是一种顽强而巨大的力量，它可以主宰人生。"我认为，工作之内，我们应该养成四个好习惯：第一，养成读书学习、力争上游的好习惯；第二，养成战胜自我、改恶除弊的好习惯；第三，养成遵守纪律、坚持原则的好习惯；第四，养成持之以恒、重视结果的好习惯。

《圣经》中有这么一句话："眼睛就是身上的灯。你的眼睛若明亮，全身就光明；你的眼睛若昏花，全身就黑暗。"态度就如同这双眼睛，态度端正者，自然看得清晰，看得遥远。

自我施压，不断学习

有一名短跑运动员叫卢瑟，在经历过一次惨痛的失败后，意志消沉，再也不想回到跑道，而甘于做一名普通人。有一年，他来到某个

招聘会，打算找一份工作，从而结束自己的运动员生涯。他来到一个招聘摊位，招聘人是一个一条腿有残疾、身穿军装的人。

招聘人看了卢瑟一眼，然后对他说："你先做个自我介绍吧。"

卢瑟一五一十地说着自己的人生经历，并对招聘人展示出一种渴望："如果您录用我，我一定不会令您失望。"

招聘人笑了笑，然后劝卢瑟："小兄弟，我觉得你的未来属于赛场，而不属于我这样的机械设备公司。我需要的，只是像我一样的残疾人。"这样的拒绝，让卢瑟顿感尴尬。

"可是，我的运动生涯已经结束了！"卢瑟连忙解释；"我觉得，我一定能够胜任这份工作。"

不管卢瑟怎么解释，招聘人都没有给他机会。卢瑟准备离开的时候，招聘人对他说："如果我能够在赛场上看到你的成绩，等你退役后，我会给你留着一个位置！"

卢瑟百思不得其解，觉得这个残疾老头儿有些奇怪。后来经他打听，这个老头曾经是一名军人，在战争中失去了一条腿。他一度迷失自我，企图自杀，后来却神奇般地恢复了意志，还成功创办了企业。卢瑟回味着老头儿对他说过的话，终于悟出一个道理：不要轻易放弃，而且还要给自己多施加压力，才能逼出强大的自己。因此，他重拾短跑，并且开始从零训练。通过科学的训练，他的成绩开始有明显提高，甚至每一天都在提高。

一年之后，卢瑟重回赛场。这一次，他取得了不错的成绩，甚至还差点打破全国纪录。当他看到那个熟悉的身影朝他挥手时，卢瑟的脸上终于露出成功与胜利的喜悦。

不要妄自菲薄，也不要轻言放弃。事实上，每个人都有足够大的潜力。微信朋友圈曾经流行一个"王德顺老爷子走秀"的视频，一个年逾八十的老人还在不断施压、不断进步，作为一名年轻人，更应该谨慎对待负面言论。职场道路有顺境也有逆境。逆境的时候，人们更应该积极乐观，提高挑战自己的高度。我认为，我们可以通过 4 种方法自我加压。

1. 制造危机

许多国家对学龄期的孩子进行"挫折教育"和"危机教育"，目的在于让他们能够从容应对未来出现的各种危机。对于职场人，我们还需要在看似风平浪静的职场上，在自己的内心里掀起一种"波浪"，这种"波浪"就是一种危机。树立了危机意识，大多人都会在和平时期进行自我加压、自我准备，以防止真正的危机。

2. 提高目标

举个例子，有一名游泳名将，当他打破全国纪录的时候，他又将目标提高到洲际纪录。不久之后，他打破了洲际纪录的时候，他又将目标调整到世界纪录。经过不断的强化训练，他克服种种障碍，终于打破了世界纪录，后来甚至连续多次刷新自己的世界纪录。可见，给自己设定更高的人生目标，就会一点一点挖掘并激发出更多的潜能。

3. 寻找对手

武侠电视剧中，一个年轻人苦练功夫，他的目的就是成为天下第一。于是，他不断寻找对手，不断过招儿、挑战，一步一步"升级"，直到最后，华山论剑坐上了"武林盟主"的位置。一个人是寂寞的，有对手的人生才是精彩的。一个人没有对手，也要制造一个假想敌。只有这样，才能不断给自己加压，不断提高自己。

4. 自我反省

清代学士申居郧在《西岩赘语》中说过一句话："只一自反，天下没有不可了之事。"意思是说,只要常常自我反省,严格要求自己,就能够解决天下所有的事。自省,就是省察自己的内心,总结经验教训,给自己设定正确的人生道路。经常自省的人,也能够提高自己。

俗话说,一个不想当将军的士兵不是好士兵。因此,身在职场的我们要给自己适当加压。多一点觉悟,多一点野心,只有这样才能让自己取得进步。

"压一压",爆发自己的潜能

曾经有媒体报道,世界上最聪明的人是爱因斯坦,他的大脑只开发了18%左右。如果实验结果属实,人类的潜能是无限的。有些人把潜力比作海绵,只要用力"压一压",就能挤出"水"。

小王小的时候,上学总挨老师的批评,挨批的原因是背不出课文。大家都知道,背诵这等事,完全靠功夫。下的功夫多,"笨"一点的学生也能够倒背如流。小王背不出课文的原因,就是因为懒!后来老师找到小王的父母,对其父母进行了一番"教育"。俗话说,棍棒底下出孝子。事实上,棍棒底下也出"天才"!小王在压力面前,只能努力学习。结果第二天,课文就背诵得非常流利。高中时期,小王又因为"早恋",成绩一落千丈。但是随后在老师和家长的督促下,小王又一路追赶,考上了重点大学。

这样的故事非常多!一个人只要多给自己一定的压力,就能够持续释放潜能。波兰作家亨利克·显克微支则认为:"人生是最伟大的宝藏,我晓得从这个宝藏里选取最珍贵的珠宝。"因此,我们要找到属于自己的"潜能挖掘机",挖掘出自己的潜能就能提升自我。

1. 不断学习

俗话说，学习使人进步。还有一句古话说，读书破万卷，下笔如有神。常言道，脑子越用越好用。总之，学习是一件好事，绝对不是坏事。当然世界上还有一类不爱学习、善找借口的"奇葩"，他们认为："书读得越多，越容易误入歧途。"事实上，书读得越少，眼界越窄。还有一些"奇葩"认为："学习越多，越容易变成书呆子！"事实上，书呆子本来就是不爱思考的一种表现。真正爱读书的人也爱思考，绝不会变成死脑筋或者书呆子！知识是进步的阶梯，通过学习获取知识，就等于为自己铺设前进的道路。如今，许多企业、组织都注意营造学习环境，希望员工借助组织平台完善自己，提高自己。如果你所在的团队提供这样的学习机会，千万不要错过。

2. 不断思考

有一些人，表面在学习，实际上只是机械性地重复，根本没把知识装进自己的心里。就像旧社会私塾，学子们都在摇头晃脑地背诵《三字经》《弟子规》，实际上却不了解其意义。有口无心地学习，是没有任何价值的。因此，我们要勤于思考，养成爱思考的习惯。领导布置任务，要对任务进行一番研究。任务执行过程中，如果遇到问题，更要及时停下来进行思考。任务完成后，我们还要养成复盘的习惯。所谓复盘，就是总结教训、归纳经验。科学家普朗克认为："思考可以构成一座桥，让我们通向新知识。"因此，思考也是一种挖掘潜能的重要方式。

3. 不断施压

俗话说，一个人就像弹簧，给它足够的压力，它就能够弹起来。从生理角度讲，或许人类是脆弱的；从精神角度讲，人类是强大的。世界上的成功人士大多善于给自己施压。他们给自己制造困难，就是为了提高抗压能力和适应能力。举个例子：有一个登山家，他不断提高训练强度，他的梦想是征服更多处女峰。借助这种压力，他在有生之年征服了世界上 14 座海拔 8000 米以上的高峰，还有许多其他的处女峰。

钢铁大王卡内基说过一句话："人在身处逆境时，适应环境的能力实在惊人。人可以忍受不幸，也可以战胜不幸，因为人有着惊人的潜力，只要立志发挥它，就一定能渡过难关。"

第九章　精进自己的职业技能

精进自己的技能，是世界上唯一一项不过时的课题。在原始社会，人们靠精湛的捕猎技术，生存了下来。如今，我们更要借助自己的智慧和技能，推动组织和社会的发展。

知行结合，以知促行

两千年前，孟子曾经提出："人之所不学而能者，其良能也；所不虑而知者，其良知也。"良能与良知，更多是一种天赋，是人与生俱来的。到了明朝，王阳明又提出一个新理论"知行合一"，其意思就是将良知与行动相结合，形成一种理论照耀实践，实践践行理论的方法。当然，我们又不能将知行合一完全理解为理论与实践的关系。在这里面，"知"并非只是知识，还有知道、明确的意思。心里明白了"真相"，才能准确处理这件事情。古人言："纸上得来终觉浅，绝知此事要躬行。"事实上，对于"知行合一"，我们可以从多个角度、多个方面去解读它。但是不管如何，作为一名职场人，"知行结合"还是非常有意义的。

富豪李嘉诚，将"知行结合"做到了极致。在这方面，他有一个"八条"见解，这"八条"分别是："一、先处理心情再处理事情；二、最困难的时候就是最接近成功的时候；三、不为模糊不清的未来担忧，只为清清楚楚的现在努力；四、宽容他人对你的冒犯；五、不要无缘无故地妒忌；六、只为成功找方法，不为失败找借口；七、不要看我失去什么，只看我还拥有什么；八、用最放松的心态对待一切艰难。"这"八条"虽然不算至理名言，至少对我们日常生活、工作是有帮助的。如果我们把这"八条"当作"知"的敲门砖，然后再补充一些知识、要点，多思考、多领悟，就能够为"行动"提供指南。

有一个人，他的主要工作是"学术打假"！这个人也是高学历者，曾任职过多个权威研究机构的研究员。有一次，这位"学术打假"人与一个教授因为观点不同争执起来，甚至引发"网络大战"。一个记者采访"学术打假"人，问的第一个问题是："难道那个教授真的是不懂装懂吗？"

"学术打假"人反问记者："难道你见到过'导弹测试现场'旁边，有'专家'站在旁边指手画脚吗？之所以说他是'不懂装懂'，就是因为他没有实践，只有嘴巴！靠嘴巴工作的人，是相声演员。"

不久之后，那位教授也站在电视机旁进行解释："所谓'知行合一'，虽然要结合在一起，但是做学问者，还是要以学术理论为重点。实践还应该由广大人民群众去体验、实践！"

公说公有理，婆说婆有理！"知行结合"，如果是"先知后行"，那就倾向于唯心主义；如果是"先行后知"，那么则倾向于"唯物主义"。其实不管是唯心主义也好，唯物主义也罢，知与行可以交替或同时进行，绝不能消灭其中一个或者"离间"它们的关系。

知识、理论为行动提供精神动力。因此，教育总是从基础开始，先易后难，先小后大。学子们有了丰富的理论基础，借助理论指导，再进行实践。随着社会的发展，越来越多的企业成为改革的先锋。他们从实际出发，摸索出一套新体系，因为，在我国的经济建设中，几乎并没有成熟的理论可以用。但是不管怎样，许多言论或者观点，都是在"知行合一"的基础上提出来的。宋代思想家朱熹说过："论先后，知为先；论轻重，行为重。"这句话的意思是，先知后行，论孰轻孰重，还是行动更加重要一点。实际上，到了最后，我们都要把"知"落实到行动中，靠行动证明自己的本领。

不管是"先知后行"，还是"先行后知"，行与知并无先后，也无轻重。只有两者并行，才是最好的。

勤于思考，提升专业度

过去，因为分工不明确，一个人要身兼多职，所以对"复合型"人才的需求更多。而在当今社会，对"专业型"人才的需求越来越大。一个组织、一个集体的分工，也越来越细致。负责沟通的只负责沟通，负责销售的只负责销售，负责研发的只负责研发……想要在团队中有较强的作用力，只有提升专业能力这一条"华山之路"。

最为直接和快速的提升专业能力的方法，就是"恶补"！我认为，"恶补"属于临阵磨枪，在短时间内会起到作用。举个例子：某公司应对 ISO 9001 质量认证，需要在管理、销售、采购、生产等多个方面进行准备。因此，该公司聘请外聘团队对核心人员进行为期 4 天的培训。这样的培训，时间短，效果还不错，能够短时间解决问题。再比如：某员工为了拿到某种上岗证，临时参加短期、高密度培训，从而顺利拿下证件。"恶补"如同考试前的复习，会在短时间内体现出作用。但是时间久了，"恶补"的内容往往会逐渐淡化、或者忘掉。大多人选择"恶补"，只是为了短时间内达成某个心愿而已。想要长期地、逐步提升自己的专业能力，就需要持之以恒地不断学习。

有一个叫吴小成的人，他是某医院的实习医生。除了掌握了一些理论，他没有任何工作经验。因此，他一直给科室主任做助手，希望能够从主任这里学到一些临床经验。有一年，这个主任拿到一个课题，然后组织科研队伍进行攻关。吴小成也是这个团队的成员。为了赢得主任信任，为了给团队创造价值，他重新拾起书本，学习并研究与课题相关的知识。

从不懂到懂，从懂到精通，这个过程是非常艰辛的。吴小成说，为了提升专业能力，他几乎熬夜至凌晨三点才睡觉。这样的苦读，他整整坚持了两年。通过这样的学习，他的专业知识和能力有了大幅度提升，而且他还拿下了某医学院博士学位。几年过去了，吴小成不仅成为团队中的核心人物之一，而且还由一名普通的实习医生，一步一步成为主治医师、副主任医师。

除了学习，我们还要坚持思考。前面我们讲过书呆子，书呆子从另外一个角度上去看，与懒汉无异。这类人，只懂得如何读书，却不懂得消化吸收。一个人，只有通过思考，才能把书本上的知识转化为技能。举个例子：去驾校学习开车，一方面是学理论知识，另一方面是进行开车实践。有经验的老司机都知道：上车勤的人，才能真正掌握驾驶技术。通过思考、实践，才能消化掉晦涩难懂的知识。

某国营机床厂，有一个叫马国梁的车工，他酷爱思考。每天工作结束后，他都会进行总结、做笔记。做笔记的内容，无非有两个部分。第一部分，如何让自己的操作更加熟练、稳妥；第二部分，如何能够改进工艺，提高生产效率。亚里士多德有句名言："人生最终的价值在于觉醒和思考的能力，而不只在于生存。"马国梁采用边思考、边实践的方式，让自己的能力得到了提升。多年之后，马国梁成为该国营机床厂的技术革新能手，并由此走上了领导岗位。马国梁的一句话也成为该企业的企业文化：思考推动世界！

提升专业能力的方法还有很多。比如善于观察、善于总结。许多细微的变化，来自人的细致观察。如果能够抓住这些细节，就能创造出一笔财富。与善于观察相呼应的，是善于总结。有人说：知识和才智是总结而来的成果。经验是总结而来的，善于观察和总结的人，才能够发现"新大陆"，从而成为团队中的核心人物。

荀子有一句名言："不闻不若闻之，闻之不若见之，见之不若知之，知之不若行之，学至于行而止矣。"这句话就是告诉我们，所闻不如所见，所见不如所知……只有不断学习、思考、实践，才能不断提高自己。

建立"自我改善"计划

如果我们把提升专业能力看作是刚性需求，那么建立自我改善计划就是一种柔性需求。就像优化一个行动方案，人的一生同样需要"优化"。世界上那些成功人士，大多数都在进行自我改善。当这种改善成为一种习惯，人生也会随之升华，境界也会随之提高。我认为，自我改善通常从三个方面进行，这三个方面分别是：认知、精神和性格。

1. 认知的改善

认知，就是一种信息加工过程。这个"加工"，要充分调动感觉、知觉、思维、记忆等，让其将人类所捕获到的原始信息进行处理，进而转化成自己的知识。对认知的改善，主要是提高自己的认知能力。

（1）多读书，读好书。俗话说，书籍是人类的朋友。通过读书，我们能够了解世界、认识世界，足不出户就能够描述外面的世界。多读书，可以开阔眼界，丰富知识。

（2）多参与交流。我认为，沟通在人类进化过程中扮演了重要角色。许多人，通过沟通获得友谊与帮助，经验、情感都得到了补充。沟通是一座桥梁，更是通向外界的一条道路。

（3）多记录心得体会。有一个相关统计，80%的成功人士有每天记录日志或者写总结的习惯。所谓"心得体会"，就是自己的所感所想。写多少完全由自己掌控。另外，写日志的人，能让自己的精神保持一种"湿润"的状态。人如果已经精神"干涸"，恐怕就会变成冷血动物。

（4）丰富自己的历练。俗话说，读万卷书不如行万里路。丰富自己的历练，比埋头书海更有意义。佛家言，历事炼心。经历多了，自然会对世界有更多的认知和把握。

2. 精神的改善

精神是什么呢？精神是无法用肉眼观察到的，一个人想要改善自己，就要从精神上下功夫。

（1）养成良好的作息习惯。我发现，大多数成功者有科学而严谨的作息时间。比如互联网上报道的"王健林行程表"：四点起床，五点早餐，六点工作，下午一点午餐，下午两点工作……有了健康的作息习惯，人的精神面貌、工作状态，都会处于最佳状态。

（2）学会聆听与倾诉。严格意义上讲，聆听与倾诉是一种交流方式。人们通过聆听，可以丰富自己的情感，让自己感动；人们通过倾诉，可以发泄自己的情绪，让自己平衡。

（3）适当运动。有氧运动是一种非常好的调节方式。人们通过运动，可以调整呼吸、心跳，缓解紧张的精神状态，而且有利于提高睡眠质量。因此说，懒惰的人精神状态差，勤劳的人精神状态好。

3. 性格的改善

作家爱默生说过一句话："一个人无论做出多少件事来，我们都可以在里面认出同样的性格。"性格决定命运，也是一句真理。因此，我们还要优化自己的性格，让自己朝着健康的人生道路行进。

（1）开阔自己的心胸。那些深谙算计、总是斤斤计较之人，恐怕是不会有美好的人生的。原因在于，算计消耗了一个人过多的精力和能量。因此，我们要多与君子接触，多去拥抱美好的事物。胸怀宽广了，放下内心的纠结，就会有更多精力，专心做自己的工作。

（2）参与公益事业。有些人把公益事业看作慈善，便找到一个借口："慈善是富人做的事情，我们还是穷人！"事实上，公益事业不需要强调身份，仅仅需要奉献自己的爱心，让自己展现出人性价值。一个深耕公益天地的人，一定是一个有爱心、善于帮助他人的人。

（3）加强道德修养。一日三省吾身是一种修炼；乐善好施是一种修炼；提高自己的文化水平，也是一种修炼。找到适合自己的修炼方式，也就找到了正确对待生活、工作的态度。

富兰克林认为："我未曾见过一个早起、勤奋、谨慎、诚实的人抱怨命运不好；良好的品格，优良的习惯，坚强的意志，是不会被假设所谓的命运击败的。"因此，我们要试着改善自己，让自己变得勤奋、谨慎、诚实、乐观、坚强……

将"专业培训"当作人生必修课

人的一生，有两堂重要的必修课，一堂是家庭课，一堂是事业课。对于一个职场人而言，如果抛下家庭因素，恐怕事业课是要学上一辈子的。举个例子：一个人25岁参加工作，60岁才退休，有35年的时间奉献给了事业。35年的时间，几乎是人的半生。在这半生时间里，有些人碌碌无为、得过且过；有些人不断学习、积极生活；有些人创造了大量财富，实现了人生价值；有些人，则拖累组织和家庭35年。如果你是一个聪明人，你会选择怎样的人生呢？我们要不断提高自己、挑战自己，让自己的生命价值最大化。

老李是一名银行员工，他学历不高，而且也非专业人员。老李虽然学历低，但是学习能力却很强。他家里有整整一书柜的书，这些书，大多数都是与银行相关的。他爱看书，也爱做读书笔记。除此之外，老李还非常重视参加培训学习。

早年间，因为培训班还并不普及，老李只能选择上夜校。他刻苦学习了三年，然后拿到了毕业证。老李甚至自嘲道："这样的毕业证，放在现在，只能充当'陪葬品'用。"老李有一种不服输、不服老的精神，哪怕他年过50，还主动报名参加银行组织的培训班。他的同事们说："老李是唯一一个行长级别的培训班学员！"

老李把学习和培训当成了家常便饭，就像俄国科学家罗蒙诺索夫说的那样："现在，我怕的并不是那艰苦严峻的生活，而是不能再学习和认识我迫切想了解的世界。对我来说，不学习，毋宁死。"学习是一种习惯，一种生活方式，一种智慧。老李把学习当成职业生涯里的必修课，现在来看，是非常正确的。正因如此，学历低、非专业出身的老李，竟能成为这家银行的行长，并且领导着几十名学历高、专业能力强的员工。

毛泽东认为："学习的敌人是自己的满足，要认真学习一点东西，必须从不自满开始。对自己，'学而不厌'，对人家，'诲人不倦'，我们应取这种态度。"培训同样也是一种专业学习，那么培训的好处都有哪些呢？

1. 丰富专业知识

专业并非就像一条河流，有其长度和宽度。当我们真正走进某个专业里面，才会发现，该专业也会像大海一样广阔无边。就算一个人一辈子深耕专业的土壤，也未必搞得明白、理得清楚。专业培训在某种程度上，可以起到一定的"补钙"作用。对于知识渊博的人而言，"钙"的剂量可能有点小；对于学历一般、认知水平一般的人而言，专业培训的意义就非常大了。

2. 提高自身竞争力

有了知识作为武器，身在职场，就会多一分胜算。我认识一名年轻的HR（人力资源）专员。他非常有上进心，通过专业培训和自学，考取了培训师资格证书。后来，他不仅是一名HR专员，还是该企业最优秀的培训师。有些人对培训这等事满不在乎，认为培训只是走过场，缺乏实质性的东西。事实上，许多人通过培训受益，并由此成为组织的核心人物。

3. 改善工作质量

举个例子：一个企业部门领导，因为年龄原因，对电脑办公软件，无法做到熟练运用。在企业转型期间，他的工作效率变慢，甚至受制于环境，成为企业边缘人。后来，这位领导参加学习班，逼着自己进行相关专业的学习，学会了使用电脑办公软件。正因如此，才改善了工作质量，提高了工作效率。我认为，专业培训就是一种有针对的"补钙"式培训，对于绝大多数人而言，是非常有效的。

列宁有句伟大的名言："学习，学习，再学习！学，然后知不足。"人生之路，就是一条学无止境的路。专业培训只是这条路上的一道风景，但是也足够愉悦我们。

第十章 借助经验，提高自我管理水平

失败是成功之母。失败的意义是什么呢？恐怕就是经验。如果一个人没有经验，做事就会缩手缩脚，错误百出。因此，我们要学会总结经验，借助这些经验，提高自己的工作能力。

总结经验的积极作用

有一个围棋天才，他天赋异禀，不到 20 岁就成为职业五段棋手。有一年，他参加某国际赛事，一路过关斩将，最终杀入了决赛。许多媒体都看好他，纷纷预测他将成为这次比赛的冠军。他的对手是一个 40 岁的中年棋手，一向以沉稳、老练著称。有一家媒体采访这位中年棋手时问："你如何看待自己的这位年轻对手？"中年棋手回答："小小年纪有如此成绩，一定是围棋界的天才！如果我输了，也是正常的。"围棋天才听到这话，有一些飘飘然，他说："历史的车轮一直向前走，时代更替也是必然！"

中年棋手虽然天赋不如天才少年，但是他有一个习惯：复盘、总结！在比赛前三天，他疯狂地研究天才少年的围棋布局，希望从中找到一些规律和破绽。而天才少年则在这三天准备期内，忙于应酬各种媒体，甚至出席形象代言等各种活动，花天酒地，应接不暇。比赛还未开始，两个人就已经处于不对等的状态。

比赛开始不久，中年棋手就占据了主动，天才少年只能疲于应付，不到两个小时，天才少年便投子认输，丢掉第一局。第二局，天才少年执黑先走，采取一种猛烈的攻势打算"唬住"中年棋手。可惜的是，中年棋手早已摸清少年的招式，待突围之后，便展开激烈的反攻，再次击败天才少年。比赛结束，中年棋手以总比分3：0优势战胜不可一世的围棋天才。后来，媒体问起中年棋手的获胜感想，中年棋手说："我只是赛前工作准备得充分一些，大赛经验多一点而已。"

有一位哲人说过一句话："经验，制造一切未来；经验，是所有过去的成果。"经验不是与生俱来，而是通过总结获取的。古人言：吾日三省吾身。所谓"三省"，就是每时每刻提醒自己如何做人、如何做事、如何提升自己的修养。我认识一名企业工程师，他有一个非常好的习惯。每日下班之后，他都会将一天所见、所闻用日记的形式回顾一遍，然后在日记结尾处，总结个人感想。久而久之，这位工程师的经验和见解都得到了质的提升，后来为企业改造节能工艺献计献策，每年可为企业节省开支500万元。这样的成功故事比比皆是，也说明了总结经验的必要性。

总结经验是为了认识世界、改造世界。毛主席曾说："领导的责任，归结起来，主要是出主意、用干部两件事。"所谓"出主意"，就是制定方针策略，给予执行方向。所谓"用干部"，就是学会用人，能发挥人的积极作用。但是这两点，都牵扯到一个视野和经验的问题。如果一个干部，对世界缺乏认识，只是停留在未知领域中，轻易作出的决策，就会与现实脱节。缺乏用人经验，更是一件可悲的事情。举个例子：不会捕鱼如何授渔呢？总结经验的目的，就是弥补能力缺陷，让人从对世界的感性认识上升到理性认识的高度之上。只有这样，才能找到自然规律，借助外界的力量为自己服务。

总结经验是为了养成动脑习惯。正如有人言，人生来就是罪恶的，这种罪恶包含许多方面，比如自私、懒惰、贪婪、嫉妒等，其中懒惰是职场人的大忌。许多人认为，在家有父母，在外有朋友，在单位有领导，凡事都有靠山，自己可以袖手旁观。事实上，如果自己出了错，没有人能够为你的错误去"埋单"。因此，我们应该勤快一点，闲暇之余，还应该多动脑总结一下：哪里应该恶补？哪里需要改进？只要做到爱思考、爱总结的习惯，就不会让家人、朋友、同事、领导担心。

总结经验还是为了自我反省。人的一生，是一条波浪状的曲线，这条曲线时低时高，人也会处于"低潮"与"高潮"的不断更迭中。"低潮"的时候，不要气馁，总结经验的目的是为了上升；"高潮"的时候，不要骄傲自满，总结经验的目的是为了谦虚谨慎，防止从高处跌落。

总结经验的意义可能不止于此，它可以让我们养成良好习惯，时刻总结、时刻反省，让自己处于一个清醒、理智的状态，从而正确做事、聪明做事。

总结经验的十大要领

许多人有总结经验之心，但是却无总结经验之力，忙碌半天，结果却是竹篮打水，问题出在哪里呢？举个例子：远古人狩猎有狩猎的技巧，绝非拉弓射箭百发百中；现代人工作，也有其技巧所在。如果我们没有掌握技巧，恐怕就难上加难。总结经验也是如此，有一个"十大要领"之说。

1. 端正态度

行走万里路，如果态度不端正，就只能是走马观花、蜻蜓点水，难有收获。就算是总结经验，我们也要端正态度。事实上，总结经验本就是一件重要的事情。对待重要的事情，就需要我们认真积极、实事求是，绝不能敷衍了事、哗众取宠。

2. 收集材料

总结，意味着将过去的东西转化成现有的知识、财富，因此需要我们把过去大大小小的"账本"翻出来，摆在一起，认真进行总结。除此之外，我们还要借鉴成熟的经验或者有针对性的案例。这些"材料"，就像建筑用的水泥、沙子，想要盖成大楼，一样都不能少。

3. 整理归纳

各种资料都有了，我们也已将所有事件进行碾碎处理，比如存在的错误、过往的经验、处理的方式等，都摆在了眼前。那么下一步该怎么办呢？成功人士的经验告诉我们，应该对这些"信息资料"进行标号、归类。这样做的目的，就是使信息材料层次分明，利于捋顺和查找。在整理归纳过程中，我们甚至还能够发现各个事件之间千丝万缕的关系，这对总结经验非常有价值。

4. 找出特性

事件与事件之间，或许存在相似与差异，或许这些事件都是发生在同一个人的身上。况且世界之大，没有相同的两片树叶，甚至连一个人手指的指纹，都不尽相同。通过比较，事件与事件的共性是非常容易找到的。而在总结经验时，找出事件间的差异性和特殊性似乎更值得我们重视。

5. 发现规律

万事万物都存在规律，有的规律明显，有的规律不明显。明显的规律，比如四季，恐怕人们通过冷暖感受便可以总结出来。对于那些微观世界里的规律，就不那么容易了。这就需要我们培养敏锐的观察能力和分析能力，能够透过现象看到本质，才能从不经意中发现规律，从偶然处觅得一丝必然。

6. 尊重真理

当今，人人都在讲创新。时代对我们的要求也是大胆质疑，敢于创造。事实上，我们并不需要对旧事物完全推翻重造，对于那些古人留下的真理，完全可以拿到手里，进行使用。比如那些物理定律、几何原理、宝贵思想等，我们更应该去尊重，而不是去推翻它、破坏它。既然有"渔网"，为何不用来"捕鱼"呢？总结经验的目的，并不是为了去盲目推演；有时候，则是为了检验、验证。

7. 实事求是

实事求是是一种态度，更是一种办事的方法。实事求是，要求我们从实际情况出发，探求事物的内部联系及其发展规律，认识事物的本质。只有这样，我们才能有所发现、有所成就。实事求是，也让我们避免一切浮躁的方式，能够夯实自己的行动。

8. 多多实践

实践是检验真理的唯一标准，也是总结经验的唯一出路。许多人懒得实践，并认为：总结，不就是写"中心思想"吗？我认为，经验不仅仅是总结归纳而来，更是一种实践所得。俗话说：实践出真知。如果我们不去实践，而是坐享其成，恐怕很快就无成功经验可寻。

9. 多动脑筋

有人把脑袋比喻成司令部，除了组织活动、发号施令外，还要对各种信息进行加工处理。总结经验，就是把大脑当成加工厂。加工厂的工作越繁忙，越容易找到处理事务的规律。古人云：行成于思，毁于随。因此，我们要多动脑筋，多多思考。

10. 落实文字

许多经验形成于脑中，但是当我们非常忙碌的时候，就会逐渐忘记。因此，将经验落实成经验总结报告，就非常有必要了。在落实文字过程中，我们不要堆积辞藻，最好以浅显易懂的语言呈现出来。这样做还有利于后人学习、借鉴。

莎士比亚说过一句话："经验是一颗宝石，那是理所当然的，因为它常付出极大的代价得来。"而这种"代价"是非常有意义的。

提炼"经验"的方法

许多人都爱总结经验，并把经验运用到实践之中。总结，也是一种提炼过程。所谓提炼，就是通过某种方式，将"核心"从繁杂的事物中概括出来。举个例子：老师要求学生总结课文大意，就是一种提炼总结。俗话说，一百个人的眼里就有一百个哈姆雷特。我也相信，一百个人的经验提炼法皆有不同。

有一支海洋捕捞队，他们在深海航行两个多月，一直没有渔获。船长汉斯非常着急，因为他们的燃料消耗很快，再没有渔获，就要无功而返了。为了找到鱼群，汉斯将所有的船员叫到甲板上来，准备开一个经验交流会。

交流会上，许多船员沉默以对。他们认为：这次出航，过去的经验已经用不上了，完全是老天爷在捉弄他们。甚至有人建议："汉斯船长，要不然我们还是回去吧！我想，这片海一定被诅咒了，要不然怎么一条鱼也没有发现？"听到这句话，汉斯也沉默了。

就在这时，一个船员拿出一个小本子。然后站起来说："船长，我们来到这片区域是一个月前，当时的洋流是自南向北。上一周，洋流是自南向西。这一周，我们似乎已经远离了洋流！如果没有猜错的话，鱼群是跟着洋流走的！"

汉斯听到这个意见，似乎有些开窍了。他好奇地问："难道你一直在观察洋流的变化吗？"这个船员点点头。

此时，另外一个喜欢钓鱼的船员也开始发表自己的看法："我觉得，我们下的饵料也不太对！这里的鱼，与近海的鱼群不太一样，而且对诱饵的喜好也不同。之前，我曾经钓到过一条鲣鱼，用的是一种游动饵料。"

越来越多的看法、观点汇集在一起，就形成了一个经验。而汉斯只需要结合并进行一些提炼，一个捕鱼方法就应运而生了。随后，他进行了小范围验证，发现这种方法果然奏效。于是，他将船开回到洋流之上，并顺着洋流的方向寻找鱼群。三天之后，汉斯果然成功了。他不仅捕到鱼，而且渔获颇丰。

提炼经验不像提炼黄金，需要将矿石碾碎、高温加热、倒模、再提炼、再倒模，反反复复几十道工序，才能把黄金提纯。提炼经验，只要抓住几个"点"，就可以将其提炼出来。

1. 抓主流和本质

就像写总结材料，我们首先要把材料通读一遍，了解大意；然后再把材料细读一遍，将材料中的中心思想和重要语句标注出来；然后再将材料精读，直到我们能够抓住材料的主流和本质，提炼的准备工作就已经完成了。对于天资高一点的人而言，此时可以得出结论，然后形成自己的经验和理论；对于天资一般的人而言，如果尚不能进行把握，还需要进一步熟悉资料、缩小范围，如同大浪淘沙一般，直到把本质的东西筛选出来。

2. 抓住"节点"

所谓节点,就是某一个交汇点。对于一个完整的事件来讲,可能存在数个节点。或者,我们还可以把节点看作每一个阶段的总结。让我们找到这些节点,把所有的节点摆在眼前,就会发现这些节点与节点之间的规律。将这些节点串联起来,这条曲线就是规律变化的曲线。规律找到了,相信经验也就不远了。

除了这两点,我们还要抛开经验主义。俗话说,经验主义害死人。尤其是在提炼新经验面前,经验主义是一枚破坏力十足的炸弹。在提炼过程中,我们要转换自己的视角,莫要以"第一人称"的形式去写。这样提炼,或许会太过主观或者片面。我们要客观看待、分析案例,再将经验提炼出来。

从反面教材总结经验

许多经验是对比得出的。孔子说过一句话:"见贤思齐,见不贤而内自省也。"反面教材如同一面镜子,如果对照这面镜子,发现自己的身上也有污点,我们就要小心谨慎了。

有一个将军,他曾经打赢过无数次胜仗,甚至被誉为"常胜将军"。后来,皇帝打算让他驻守边疆,并封他为王。这位将军非常高兴,他心想:山高皇帝远,有自己的封地和疆域,自己与皇帝没有什么区别。于是他接受皇帝圣旨,携家带口欣然前往边疆封地。

事实上,这位将军不仅有自己的封地,还有自己的军队。由于缺少监督,久而久之,这个将军在他人的挑唆下,便给自己缝制了龙袍,在封地做起了"土皇帝"。后来有人进宫,向皇帝说了此事。皇帝并没有发火,而是召集大臣对此事进行讨论。最后得出的结论是,要对该将军以谋反之名诛其九族。但是这位皇帝并未下杀心，而且借机让该将军入朝面圣。

两个月后，这位将军携带大量人马来到皇宫，面见皇帝。皇帝依旧像迎接功臣那般对待他，他出于一种臣子的"仁与孝"，也以礼相报。后来，皇帝请他喝美酒、观看歌舞，然后讨论了多年前诛杀叛党一事，并伺机问他："对朕的大好江山是否感兴趣，是否愿意分而治理天下？"听到这话，这位将军终于明白了皇帝的意思，然后"扑通"一下跪在皇帝面前，将自己缝制龙袍一事告诉了皇帝，希望皇帝饶他一命。皇帝扶他起来，语重心长地告诉他："人都有私心，但是这种私心要根除！不要像那些乱臣贼子走上迷途。如果现在迷途知返，依旧来得及！"皇帝的话让将军十分惭愧。

回到封地，这位将军烧掉了龙袍，然后对下属下达死命令：凡是有蓄意策划谋反者，一律诛九族！从此之后，边疆安宁，这位将军也成了有名的护国将军。

举个例子：某银行，几年前某职工脱岗，造成了严重的事故。该银行领导以此为例，宣传"安全"与"岗位职责"，并要求员工写学习心得，希望从中吸取教训，不要让悲剧再发生。事实上，该银行借助"反面教材"让员工、干部自省，取得了非常好的效果。

现实中，许多人思想观念薄弱，需要大量的反面教材来提醒。一个人，如果没有"鞭笞"与"提醒"，恐怕很难改变自己。俗话说，学坏容易学好难。如果身边有一个不良分子，人很容易学坏；如果身边有十个好人，人也未必能学好。如果我们把身边的不良分子当成反面教材去总结、学习，至少能够让自己与这些罪恶划清界限，至少不会沦为不良分子。借助反面教材，就是让自己逐渐养成安守本分、常怀反思之心的习惯。就像陈毅的那句话："九牛一毫莫自夸，骄傲自满必翻车。历览古今多少事，成由谦逊败由奢。"

《吕氏春秋》中有这样一段描述："欲知平直,则必准绳;欲知方圆,则必规矩;人主欲自知,则必直士。故天子立辅弼,设师保所以举过也。夫人故不能自知,人主犹其。存亡安危,勿求于外,务在自知。"由此可见:一个君王尚且需要纠错的师保,寻常之人更应该常常反思自己的过失,才能够化解自己乃至组织的危机。

从自己身边总结经验

获取经验的渠道有很多,读书、借助反面教材、借鉴他人优点等。最常见的经验获取渠道,就是学习、总结身边的经验。这里的经验,有现成的、成熟的经验,也有自我摸索、总结出来的新经验;有直接经验,也有间接经验;有具体的经验,也有最基本的经验。总结经验的目的,就是为了提高我们的认知水平,推动我们的执行能力。那么,我们如何才能从身边发掘到适合自己的经验呢? 一般有五个步骤。

1. 找到自己的缺陷

俗话说,生病了就要治疗。大夫看病,先要找到症结,然后给药。举个例子:只有知道自己缺钙,我们才能进行补钙。对于一个职场人而言,想要用经验去补"钙",首先要找到自己的不足。

有一名银行工作人员,他有一个日记本,日记本里记录着自己的缺陷和弱点。比如,交际方面的缺陷,因为性格内向,而缺少一种沟通勇气;或者在沟通中,缺乏沟通经验。通过这种自我反思或自我照镜子的方法,这名员工几乎找到了自己99%的缺陷。这些缺陷,就是需要"补钙"的地方。每个人寻找"症结"的方法不同,但是找到"症结",才能对症下药。比如经验不足,我们需要找丰富经验的"良方";不会处理人际关系,我们就去找处理人际关系的"妙方"。

2. 寻找、选择合适的"材料"

这里的"材料",可以是周边的人或者事,只要是值得学习的,都可以拿来参考。在寻找"材料"的过程中,还需要我们做好三点。

(1) 善于观察。如果我们随便抓出一个"材料",恐怕没有任何意义。因此,我们要处处留心身边人、身边事,从点滴中窥到大海,从细节之处以小见大。只要这个"材料"有值得学习和借鉴的地方,我们就要想方设法找来。

(2) 多加思考。有一些"材料",虽然很典型,但是并不具备学习价值。还有一些"材料"中的经验,有时代或者环境的限制,无法借鉴、使用。这需要我们多加思考,敢于对这些材料进行分析、质疑。

(3) 找到"结合点"。就像一个螺帽配一枚螺栓,只有大小合适,才能结合在一起。"螺帽"是自己存在的缺陷,"螺栓"则是材料中的经验。因此,我们要进行大量筛选,还要对这些"材料"进行梳理。

3. 对"材料"进行萃取

所谓"萃取",就是采取相关方法,将"材料"中的经验挖掘出来。如今,许多人采取"两分法"进行萃取。什么是"两分法"呢? 直接一点说,就是一种对立与统一的辩证方法。"材料"中的经验,通常也分为两个部分。一个部分是反面教训,另一个部分是正面经验。我在前面讲过,反面教训的目的在于警钟长鸣,让人们树立一种防范意识;正面经验的目的在于培养人的好习惯,让人们借助经验把事情做好。除此之外,我们还要学会举一反三。就像《论语》中言:"举一隅,不以三隅反,则不复也。"

4. 对经验进行归纳总结

这一步,也是最关键的一步。对"萃取"而来的精华部分,我们还要进一步分类整理，逐一筛选，把适合自己或组织的"精华选题"当作一个重点，进行推演、概括。我认为，推演同样也是一种反思，通过反思才能真正得到经验。经验有了，我们要将其落实成文字，用一种鲜明、精练、逻辑性强的文字记录下来。

5. 有针对性地实践、评估

经验不是一纸文稿，而是一种"实战"。它来自实践，最后还要通过实践去验证其真伪。有些经验，刚一落地，就变成了"泥菩萨"，经不起实践的检验，完全没有意义。只有那些经得起实践检验的经验，才能保留下来，并且传播下去。另外，评估工作也非常重要，甚至每测试一个阶段，都应该进行科学评估。

经验是工具，更是一个人改造世界、创造世界的武器。因此，我们要学会汲取经验，尤其留意自己身边的事物。能够从自己身边的事物汲取到经验，想必是一件极其有意义的工作。

第十一章 磨炼自我，砥砺前行

一个人，要磨炼自己，才能慢慢成长起来。但是人生之路漫长，一名银行职员要如何才能砥砺前行呢？恐怕我们还要摒弃坏情绪，学会平衡自己的心态、学会自我激励……只有这样，才能坚持走到底。

摒弃"垃圾"情绪

有一支船队，他们的目的是为了寻找某一个宝藏。船长帕文是一个非常有航海经验的人，他甚至还拿到过皇家勋章。但是这支船队，经历过一场风雨后，竟然闯进了一个罗盘失灵的魔鬼三角地区。在这里，没有信号，没有鸟类，只有不着边际的大海。

因为船上条件变差，有一些船员得了痢疾。有一名叫鲁本的船员，因腹泻严重脱水，甚至有生命危险。其他人都在为鲁本祈祷，希望老天爷能眷顾他，使他顺利脱离危险。但是残酷的现实是，鲁本在发病后的第四天，还是离开了人世。噩耗一个接着一个，有一些船员精神开始崩溃。

一个叫费迪南的船员哀号道："我们是要葬身大海了，这是上天对我们的贪婪的惩罚……"

"真该死！如果当初我听了妻子的劝告，就不会上这艘该死的船了。"另外一个船员道。

此时帕文也在不停地吸着烟，眼圈通红。他深知，如果不能带领船员逃离魔鬼三角洲，这条船即将变成"幽灵船"。为了缓解悲伤气氛，帕文鼓起勇气，从房间里拿出一把小提琴，然后走向船员，开始演奏音符欢快的奏鸣曲。费迪南听到音乐后，好奇地问帕文："船长，你为何拉起了小提琴？是不是觉得我们彻底没有希望了？"

帕文放下小提琴，指向大海远处的一个方向，说："我觉得，我们有75%的成功概率，只是需要你们配合一下我的工作！"

帕文露出坚毅和乐观的神情，其他人的心里似乎也有了一丝希望。事实上，帕文只是"哄骗"大家，真正的求生机会不足1%。但是帕文却要向大家证明：为了1%的生存希望，要付出120%的努力。当大家振作精神、各自回到自己的岗位，似乎奇迹就出现了。他们发现一股洋流，顺着洋流往前走，连着走了两天两夜，终于走出了魔鬼三角区。

坏情绪是魔鬼，它可以制造灾难。英国诗人约翰·弥尔顿说过一句话："一个人如果能控制自己的情绪、欲望和恐惧，那他就胜过国王。"拿破仑也有同样的观点，他认为："能控制好自己的情绪的人，比能拿下一座城池的将军更伟大。"由此可见，我们不仅要控制自己的情绪，更要学会摒弃坏情绪。大家可以尝试以下几种方法。

1. 分散注意力

许多人有这样的经历，当自己被迫忙碌的时候，坏情绪自然就消失了。因此，人们采用一种可以使自己忙碌的方式分散自己的注意力，以达到化解坏情绪的目的。

2. 自嘲

不管是苦中作乐，还是阿Q精神，自嘲不是自我贬低，而是一种乐观的处世方式。举个例子：当你面临困难而无法迅速摆脱的时候，完全可以采取这种方式来消除坏情绪，让自己保持一种积极状态。

3. 自我安慰

有些人会在困境中安慰自己：坏日子都会过去，好日子早晚会来！当自己对自己说出这样的话，至少情绪还不是太坏。如果自己对自己说：只要再坚持一会儿，就有解决问题的方法。想必你已经积极乐观起来，面对困难，就有了战胜困难的决心和斗志。

4. 调整呼吸

一位著名的心理学家发现：当调整呼吸状态或者做深呼吸的时候，人的情绪会放松，体内的各种激素分泌也会发生变化。因此我们看到，许多运动员在激烈紧张的比赛前都会做深呼吸运动，从而克服紧张、焦虑、自卑等负面情绪。

5. 有氧运动

许多企业家常常会利用闲暇时间做有氧运动，比如健步走、慢跑、户外骑车等，借助这些方式不仅可以增加与大自然接触的机会，而且还能调整心率和呼吸速度，释放"内啡肽"，从而化解负面情绪，让自己保持积极、乐观的状态。

6. 交流

有些人在情绪不好的时候，喜欢找一个"出气筒"出出气。事实上，我非常鼓励这种做法。通过这种交流、诉说的形式，完全可以将负面情绪排出体外，从而平衡自己的心态。如果找不到"出气筒"，我们还可以多多参加集体活动，通过参加活动的形式，排解内心的压力。

著名企业家潘石屹认为："在探求真理的道路上，我们每个人只能独行，任何盲从只能变成起哄，这不是探求真理的态度。在通往真理的道路上，最大的障碍是总认为自己的观点是对的。比这更可怕的是情绪失去控制，失去了理智。"因此，只有控制了自己的情绪，才能重回真理之路、梦想之路。

化解工作"痛点"

俗话说，人生不如意者十之八九。人生之路不平坦，职场之路亦不平坦。每个人在自己的岗位上，或多或少都会遇到各种难题，只不过有的难度大，有的难度小，有的容易解决，有的难以解决而已。敢于迎难而上，才能磨炼一个人的品质。许多人在困难面前甘当"俘虏"，主要还是其意志不够坚定、责任心不够强。

曾经有一个在银行负责清收工作的老员工，他叫老贺。老贺还有两年就要退休了，许多人劝老贺："清收工作难度大，事情多，搞不好还为此得罪人！你马上就要退休了，安全过渡一下就可以了！"但是这个老贺，年轻的时候就有一股子倔劲儿，不解决这个问题，他誓不退休。

为了催一家"滚刀肉"公司的贷款，他开着自己的私家车，几乎天天守在该公司的大门口，等该公司的老总。有一次，这位公司的老总为了躲老贺，甚至一个星期没有上班。后来，公司出了问题，他不得不去公司处理。老贺见到这位老总，便直接拦住问："咱们公司的贷款，什么时候归还？银行可是有死命令啊，我就是搭上这老命，也得完成任务。"

这位老总心想：躲得了初一也躲不了十五。于是经过一番心理斗争，才让公司财务部门给老贺办了一笔钱。因为该公司欠款很多，老贺几乎每周都会出现在该公司老总的办公室里……不到一年的时间，这位老总终于被老贺征服了，将所有银行贷款如数还清。

这个故事，其实体现出两种化解工作"痛点"的方法。第一种是超强的责任心，第二种是一种持之以恒的精神。事实上，这两个方法也是解决工作难题、突破工作瓶颈的重要方式。如果遇到困难，还有哪些方式可以破解呢？我认为，还有四种方式。

1. 坚定信念

松下幸之助认为："在荆棘的道路上，唯有信念和忍耐才能开辟出康庄大道。"信念是力量的源泉，能为一个人不断提供前进的动力。如果我们失去了信念，也就离放弃不远了。有人说："困难是考量我们的信念的工具。"我还坚信一点：如果一个人有坚定的信念，也就有必胜的信心。有信念的人，不会轻易妥协或者逃避，也不会随便找个理由来搪塞自己。

2. 掌握科学的解决方法

举个例子：能够打胜仗，不仅靠队伍的精神面貌，还要凭借克敌制胜的招式。也就是人们常说的那句话，做人要有勇有谋。有勇无谋者，虽然勇敢过人，但是也常常被人诟病；有谋无勇者，则是一个懦夫，更是无法施展自己的本领；有勇有谋者，才能化解难题。在应对复杂局面的情况时，我们要采取一种"统筹兼顾"的方法。这种方法不仅能帮助人们同时开展多个工作，而且还能够将多个工作串联起来，形成一个全局与局部相协调、整体与重点相统一的工作局面。

3. 向人请教

孔子曰："三人行，必有我师焉。"所以，我们要敢于不耻下问。事实上，每个人都有自己的长处和短处，都有自己看不到或者看不清的地方，而此时，就需要向他人请教。现实中，许多人爱面子，不愿意向他人请教，甚至想："请教对方，会不会被对方瞧不起?"我认为，人与人之间，重在诚实。只要你虚心向人请教，对方也会乐于分享自己的经验。尤其在工作岗位上，向同事或者领导求助，是一件很常见的事情。

4. 保持乐观情绪

伟大的推销员乔·吉拉德说过一句话："我要微笑着面对整个世界，当我微笑的时候全世界都在对我笑。"由此可以看出，乐观的情绪可以改变整个世界的"色调"。不管怎样，乐观才是取胜的第一步！如果一个人内心是灰暗的，恐怕也将失去化解"痛点"的精神面貌。

不管如何，面对困难，我们都要调整心态，树立一种战胜苦难的信心。只有这样，才能化解工作痛点，提高执行能力。

人生道路上的四种"好心态"

态度决定人生，心态决定命运。这些老生常谈的话有很多，但却是真理。李嘉诚总结自己的一生，说过这么一句话："对人恳切，做事负责，多结善缘，自然多得人的帮助；淡泊明志，随遇而安，不作非分之想，心情安乐，必少很多失意之苦。"如果一个人心态不好，总是看不惯一些人、一些事，久而久之就会心态失衡，甚至是做出有悖原则的事情。流行歌曲《阳光总在风雨后》有这么一句歌词："阳光总在风雨后，乌云上有晴空；珍惜所有的感动，每一份希望在你手中。"心态好的人，看到的是乌云上空的晴天；心态不好的人，看到的只是乌云而已。人生有三层境界：第一层境界是"昨夜西风凋碧树，独上高楼，望尽天涯路"，即迷茫彷徨、看不清道路；第二层境界是"衣带渐宽终不悔，为伊消得人憔悴"，即为了追求可以无怨无悔；第三层境界是"众里寻他千百度，蓦然回首，那人却在灯火阑珊处"，即量变产生质变，从而"水到渠成"。三层境界随着人的心态而逐渐发生变化，心态好者，其境界也高。我认为，人生还有四种好心态。

1. 淡定

宋代文学家苏洵有句名言："泰山崩于前而色不变，麋鹿兴于左而目不瞬，然后可以制利害，可以待敌。"意思是说，人要做到处事不惊、遇事不慌，才能克敌制胜。由此可见，淡定是一种力量，一种智慧。但是许多人往往做不到淡定，遭遇困境，便慌不择路。我记得某公寓起火，大多数人都能保持淡定、头脑清醒，按照顺序从逃生窗口撤离，唯有那么一个人大声喊叫、失去理智，竟然选择从四楼的窗户往下跳，结果导致骨盆粉碎性骨折，下半辈子要遭受痛苦折磨。有一个词语叫"人淡如菊"，这个词出自《二十四诗品·典雅》一文："落花无言，人淡如菊，书之岁华，其曰可读。"如果人淡泊得像菊花一样、不争不抢，便拥有了一种平和、淡定的心境，自然也就能够做到洞察一切、拨开纷扰、回归平常。

2. 从容

"从容"的后面是什么呢？是"不迫"！所谓"不迫"，就是不畏惧，有胆量。"从容"还常常与"淡定"合在一起，形成一种人生境界。这种境界，是王国维所说的第三层境界，即一种"量变"叠加而产生的积极情绪。诸葛亮有一句名言："非淡泊无以明志，非宁静无以致远。"由此可见，从容也是一种高深的智慧。那些从容面对世界的人，常常能够拿得起、放得下，有舍有得。从容是一种简单，因为凡事都是美好的；从容还是一种"复杂"，万事万物皆"自然"，而这种"自然之法"的本质就是一种从容。看淡一切，即使挫折中也能感受快乐。

3. 坦然

我们常说，要坦然面对世界，要坦坦荡荡做人。坦然与坦荡，一种是心态，一种是做人的方式，合在一起就是一种人生态度。坦然是一种胸怀，面对失败也能够大方接受。许多人，过于在乎成败。赢了，便放肆庆祝；输了，便痛苦哀伤。事实上，不管成功还是失败，我们都要去面对、接受、处之。坦然是一种不计较，一种胸怀。有一个哲人说过一句话："得之坦然，失之淡然，顺其自然，争其必然。"坦然，恰恰就是暴雨过后的一抹彩虹。

4. 平常心

所谓平常心，就是一种好心态。在佛家思想里，平常心是"一行三昧"，意思是说，修行、打坐，要抱有一颗智慧心、宽容心、菩提心；平常心还是"道"，即古诗中言"春有百花秋有月，夏有凉风冬有雪；若无闲事挂心头，便是人间好时节"，这种"道"就是一种融会贯通、知行合一的境界。平常心不等于没有上进心，相反，平常心是一种积极的、不为环境左右的、能够使人超脱的积极心态。

大诗人泰戈尔在《流萤集》中写道："人生的意义不在于留下什么，只要你经历过，就是最大的美好，这不是无能，而是一种超然。"而这，恐怕也是对待"得与失"的人生最高境界了。

面对困境的自我激励

激励人心的话有很多，激励的目的就在于提高自己的斗志和勇气，从而敢于面对困难、战胜困难。富兰克林认为："一个人失败的最大原因，是对自己的能力缺乏充分的信心，甚至以为自己必将失败无疑。"

有一个叫约瑟的人，他参加了某大型帆船赛事。这项赛事是一项顶级赛事，一共有八支队伍参加比赛。约瑟所在的团队，是一个年轻的团队，大多数成员都是第一次参加这样的比赛。

出航之后，一切非常顺利，约瑟的帆船排位也非常靠前。当他们驶入大洋深处，经验不足等问题就显现出来了。他们不仅在驾驭大风的能力上有些许不足，而且对风暴也没有做好相关准备。有一位船员开始发起了牢骚："过去有一个悲剧，一艘船就是在这样的情况下覆没了！我想，我们也逃不掉这样的命运。"

"我觉得，一切还为时尚早！更何况，面临飓风与风暴的帆船队伍，不只我们一支！"约瑟依旧信心十足。

"难道你认为，我们真的可以摆脱危机？"另一名船员问约瑟。

约瑟看了看乌云压顶般的风暴，竟然开始唱起了国歌。帆船赛事有危险，但这次是非常凶险！在他的影响下，其他人也跟着唱起了国歌。国歌唱完之后，约瑟说："如果我们顺利冲出风暴，比赛结束后，我请大家吃一个星期的比萨。"

"得了吧，约瑟！我听说你是有名的吝啬鬼！"

阴霾气氛不见了，帆船上反而充满了欢歌笑语。风暴来临，帆船上的所有人依旧充满着斗志。即便桅杆被打断，船帆也被高高卷起……他们也没有害怕。几个小时之后，风暴过去了。他们的帆船没有被击沉，只需要在第二站修理一下，便可以继续参加比赛。

几个月赛事结束后，约瑟的帆船队获得了第三名的好成绩，这对一支完全由新人组成的队伍而言，已经是了不起的奇迹。

陶渊明有一句诗，诗中写道："盛年不重来，一日难再晨。及时当勉励，岁月不待人。"他在告诉我们，时间不等人，要及时鼓励自己，珍惜时间，抓住机会，攻坚克难。如果遇到困难，我们也不要害怕，更不要气馁，就像苏东坡说的那句："古之立大事者，不惟有超世之才，亦必有坚忍不拔之志。"现实中，我们又如何激励自己呢？

1. 进行自我挑战

人生充满挑战，我们在不断的挑战中成长。事实上，人经历得越多，越容易培养坚定的意志。如果遇到新的困难，我们完全可以把它当作曾经"跨过的雪山、走过的草地"。再大的困难，我们也有战胜它的力量和勇气。

2. 不要害怕犯错

困难往往导致人们犯错，因为怕犯错，许多人没有勇气面对困难。我记得一个企业家说过一句话："成功是用'错误'换来的！"如果连错都不敢犯，又如何面对困难？因此，我们也要鼓励自己：不怕犯错，即使犯错也要克服困难。

3. 克服内心恐惧

有一个战士，他担心自己会死在战场上。每一次上战场，他总是躲在其他士兵的身后。他的班长告诉他："子弹不长眼睛，躲是躲不过的！在战场上，只有勇敢的人才能活下来！"这句话深深地打动了他。后来，他试着调整自己的呼吸和情绪，逐渐克服了内心的恐惧。于是他端起了枪，开始参与战斗。没有恐惧，才能战斗。如果恐惧占了上风，如同病毒侵占了我们的身体，防御能力下降，自然就会被困难打败。

4. 敢于直面危机

圣女贞德有句话："所有战斗的胜负首先在自我的心里见分晓。"一个不怕"战争"、直面"战争"的人，相信胜利早已经向他招手。直面危机是一种勇气，更是一种智慧。我记得亚洲金融危机时，许多投资人依旧信心十足、有条不紊地进行着"保值"方面的投资，通过购买黄金等方式应对危机。

水滴石穿，绳锯木断。只要功夫深，铁杵磨成针。励志鸡汤有很多，还需要我们亲自喝下这碗鸡汤，让自己充满了战胜困难的力量。

培养坚强的意志力

有一个少年，自幼顽皮，他的父亲希望他长大之后成为一个有用的人，对他进行"约法三章"，还安排了一系列的训练。有一年的冬天，天气非常寒冷，河道上的冰层足有一尺厚。他的父亲让这位少年赤裸上身，用斧子劈柴，直到出汗为止。少年脱下衣服，冻得瑟瑟发抖，甚至连话都说不出来。他心想：他的父亲应该是吃了"疯药"！在无法违抗命令的情况下，少年只能拎起比自己还高的斧子，一点一点劈木柴，足足劈了三个小时，少年才出汗。像这样的训练，足足坚持了数个冬季。而夏天，这位父亲安排少年每天游泳3000米，如果无法坚持，恐怕就要受到饿肚子的惩罚。

少年18岁成人礼，这个严厉的父亲终于露出慈祥的微笑，说："从今天开始，以后的生活、工作计划，都由你自己安排！我相信，你已经有了你该拥有的一切能力！"后来少年去了一家木材厂工作，从繁重的体力工作开始，一步一步成为该木材厂的老板，这个过程，用了整整25年的时间！这位少年之所以胜任各项工作，完全源于年少时期锻炼下来的意志力。他说："意志力是一种能力，是锻炼和培养出来的。有了意志力，才能持续不断地奋斗！"

哲学家叔本华有句名言："意志是一个强壮的盲人，依靠在明眼的跛子肩上。"由此可见，意志力可以让一个残疾人拥有比正常人强大的能量。而大科学家巴甫洛夫则强调："如果我坚持什么，就是用大炮也不能打倒我。"意志是强大的，完全是"钢铁"铸造而成。如果一个人拥有了坚强的意志力，困难就会变成矮子和侏儒。那么，我们该如何培养自己拥有这样一种力量呢？

1. 树立自信

当下职场人呈现出两极分化的特点：一部分人过于骄傲，什么事情都不放在眼里；另一部分人则是过于自卑，缩手缩脚，尤其在竞争对手面前，显得过于和气。过于自大或者过于自卑，都是一种缺乏自信的表现。骄傲者，常常用一种坚硬的外壳保护着自己脆弱的内心，实际上，也是一种自卑的表现。如果一个人能够树立自信，就会呈现出"中间"态势，不骄不躁、谦虚谨慎，但是又胸有成竹、运筹帷幄。

2. 克制欲望

人是一种非常奇特的动物，很难用一个词或者一个句子去概括。除此之外，人还是一种欲望很强的动物。当一个人满足低级需求，就会产生更高级的欲望，久而久之，很多东西都会对他产生诱惑，如果禁不住诱惑，就会坠入万劫不复的深渊，那些贪官就是例子。因此，我们要学会克制自己，就像埃及作家尤素福·西巴伊说的那句话："欲望是人遭受磨难的根源。诚然，欲望可以使人得到欢乐和幸福；但这欢乐、幸福的背后却是苦难，乐极是要生悲的；一切欲望实现之后，却也免不了灾难。"

3. 做事果断

事实上，世界上99%的成功人士都是做事果断的人，拖泥带水不仅耽误时间，而且还会让人染上优柔寡断的毛病。我认识一位银行工作人员，此人是有名的"快手"！凭借果断、干练的工作作风，此人为自己的客户创造了巨额回报，而他也成为业内的佼佼者。做事果断，也是一种意志坚强的表现。勇敢的人遇到困难，敢于破釜沉舟、孤注一掷。

环境越艰难困苦，就越需要坚定毅力和信心。所以，培养一种坚强的意志力，对自己的职业生涯、团体生活都至关重要。

开门红就要想方设法

第十二章　拓展思路，打破思维定式

　　我们常常因为思维定式而陷入一种尴尬的境地，在困难面前，有时候就像"摊煎饼"一样不停地画圈。如果我们能多动脑子、多开阔视野，打破这种定式，想必境遇就会完全不同。

思维定式是一种懒惰

　　当下，"套路"这个词是大家都有所耳闻的。做人讲套路，做事也讲套路，甚至连阴谋、骗局都是一种套路。套路是什么呢？我认为就是一种思维习惯。当你看到波浪，就会想起大海；当你看到手枪，就会想起战争。这是一种思维定式，看到什么就会联想到一个特定的事物，做某件事就会按照一定的"趋势"去处理。这种习惯，有时候是好的，有时候则会使事情陷入僵局，这就是我们常说的"思维定式"！

　　思维定式，也是一种惯性思维，如同条件反射一般。有一个科学家做过一个实验，实验是这样的：科学家把一辆自行车锁起来，要求参加实验的人把自行车挪到100米外的一个地方。通常来讲，挪走自行车的方式只有两种：搬走它或者拆开自行车锁骑着它过去。为了增加第三种方式，科学家还在自行车旁边准备了一个滑板。参与测验的100个人中，有65个人直接将自行车搬到目的地；34个人撬开车锁，将自行车骑往目的地；只有一个人，他解下自己的一条鞋带，然后将自行车轮绑在滑板上，推到终点。这样的结果既偶然，又必然。思维定式常常将我们带进死胡同，似乎并未给我们带来怎样的改变，但为什么大多数人还坚持这种"惯性思维"呢？我认为，是一种懒惰在作祟。

有一个饲料公司工作环境差，生产效率低，生产设备是15年前的设备，而这种设备其他公司早已更新换代几次了。由于公司订单越来越多，该公司出货压力很大，公司希望找一个"能人"，提高生产效率。

公司先后找到两个人，第一个人叫老孙，年近50，他责任心很强，是一名传统的中层干部。他来到其中一个车间，先是制定了一套生产管理制度，然后采用加班加点的方法，督促员工为企业贡献力量。这种方法，在最初的几个月效果明显，月产量增加了20%，半年之后，生产效率逐渐下滑，甚至又回到原来的生产水平。

第二个人叫老张，40岁，思维活跃，是个技改能手。他来到第二个车间，先是组织技术人员进行设备改进的大讨论，然后推行了一套新颖的竞争管理模式。说白了，贡献越大，收入越高。一个月后，该车间在生产设备升级方面有了较大突破。进料口与出料口，由原来的人工添加改造为皮带传送，大大提高了生产效率。第二个月，该车间实现产量翻倍！随着设备的进一步升级，该车间几乎实现了全自动化。

后来，公司提拔老张为企业生产副总，统一管理全车间的生产技术改进工作。老张也不辱使命，他打破思维定式，从技术入手，为公司大大提高了产能，甚至还解放出30%的劳动力分配到其他部门。

许多人都不喜欢条条框框，这些条条框框不仅约束人，而且还禁锢人的思想，让人无从下手。有一位企业家说："眼界就是一个框架，眼界越宽，框架也就越大，施展的空间也就越广阔。如果我们的眼界窄了，如同给自己戴上一个镣铐；如果我们的眼界宽了，如同给自己插上一双翅膀。"
眼界由什么决定呢？一个是心态，另一个是经验。一个人的经验，如果是
继承而非总结而来，就会沿着前人的成功道路继续往下走，直到撞上"大
树"，才会重新思考这个问题；如果一个人的经验是多个渠道获取的，有
借鉴的，有自己总结的，形成了一种不拘一格的思维方式——发散思维，
遇到问题，他就会按照一种科学而灵活的方式进行思考，不局限于一个框
架。如果用一个成语形容思维定式的人，就是"守株待兔"；如果用一个
词语形容发散思维的人，就是"动若脱兔"。因此，我们要活跃自己的大
脑，不要让思维定式限制我们。

我用时下一个互联网用句进行通篇总结："我们应该少一些套路，多
一些变化；少一些油腔滑调，多一些真抓实干！"

克服思维定式的三种方法

我们常常发现，有些人总是"一根筋"，不知道变通，甚至有一种
"强迫性"的思维习惯。有这样一位企业中层干部，在对待员工犯错问题
上，他总是采取一种先入为主的方式对员工进行一番批评，然后再调查、
找原因。事实上，他这种处事的"惯性"方式常被人诟病。有人曾对他提
过意见：能否先调查、分析，再进行批评或者表扬呢？但是这位老兄却
说："江山易改，禀性难移！"我强调一下，思维定式不是本性，而且与本
性没有关系，完全是一种懒惰的、不善思考的表现。有些人明知变通的好
处，却依旧选择固执己见，这样做可不是什么聪明之举。还有一些人，完
全是一种"烙饼式思维"，这种思维给人的表现是翻来覆去、不停地在原
地打转，就像烙饼一样。或者说，这一类人是自己为自己"画圈"，圈内
的是"有效资源"，圈外的是"无效资源"。我们常常提到的发散思维和逻
辑思维恰恰与这种定式思维完全不同。如果我们把定式思维比喻成一个

圆，发散思维就是无数个圆，逻辑思维是在圆的基础上盖起一座大楼。有一些人总说："拿来主义是好的！"拿来主义确实不错，是一种走捷径的方式。如果我们拿过来"活学活用"，并结合个人的理解，就能形成一套"自我辩证法"，这套方法如同"两只手"，遇到问题后就会帮我们推演一番，帮我们寻找到更好的答案。还有一些人说："成熟的真理是好的！"我认为，以发展的眼光去看待，真理也无绝对。因此，我们要避免思维定式，还需要掌握一定的方法。

1. 换位思考法

大作家契诃夫有句名言："要是火柴在你的口袋里燃烧起来，那你应该高兴，多亏你的口袋不是火药桶。要是你的手指扎了根刺，那你应该高兴，多亏这根刺不是扎在你眼睛里。要是你的妻子对你变了心，那你应该高兴，多亏她背叛的是你，而不是你的国家。"这句话，恰恰展现出另外一种心境和处事智慧。换一个角度、换一种思考方式，结果就不一样了。思维定式，恰恰是一种"第一人称"的视角，而且这个视角是扁平的、高度也永远不变。举个例子：举着望远镜看山上的字，是非常清晰的；如果摘下望远镜，山还是一座山，字就会变得模糊不清。许多人会为了看不清"字"而徒生伤悲，而不会因为整个风景的秀美而心生愉悦，这是一件多么可悲的事情？如果我们换一个思路，能够借助不同的视角看问题，就能找到 N 种不同的处理方法。

2. 理论结合实际法

现实中，有许多知识和经验来自课本。很多时候，我们的看法、认知总是局限在书本里。有一位医疗机构的博士生，他从事临床工作几年，依旧没有得到相应的待遇，问题出在哪里呢？后来，这位博士生所在的科室主任给我一个答案："他的治疗方案、给药方案不是参照课本，就是参照说明书。

医学虽然是自然科学，但更是一种辩证医学。"正因如此，这名博士生的治疗方法停滞不前，而且总给人一种不开窍的感觉。理论结合实践，就是一种辩证法。借助实践，凡事以实践为基础，久而久之，就能把知识盘活。如同西汉文学家刘向所言："耳闻之不如目见之，目见之不如足践之，足践之不如手辨之。"

3. 独立思考法

世界上，思维定式的人群有两大类：第一类是盲目尊重权威，第二类是盲目从众。盲目尊重权威的人，常常依附于权威，听从于权威，做权威的推手，甚至最后沦为权威的"走狗"。盲目从众的人，则是人云亦云、没有主见、随大溜、做"顺风草"，如古人诗中言："槽床过竹春泉句，他日人云吾亦云。"这两种人，都无法摆脱思维定式，最后沦为思想上的囚徒。要想改变这种境遇，我们要敢于解放思想，大胆质疑权威，更不能随声附和、亦步亦趋、步人后尘，而应该养成独立思考的习惯，能够独树一帜，做思想上的开路先锋。

唐代散文家皇甫湜有言曰："体无常规，言无常宗，物无常用，景无常取。"这句话告诉我们，世界在无时无刻地变化，我们也要用灵活的思维应对。

改变自己才能拓展思路

有一个叫威廉的年轻人，自幼立志成为一名成功人士。大学毕业后，他来到一家日用品公司做销售工作。

这家公司是一家百年老店，但是因为研发能力不足，市场销量锐减。威廉从事销售工作期间，业绩平平，甚至完全没有展现出自己的价值。有一个人劝他："看来你真的不适合做这样的工作！你还是辞职吧，换个其他工作试一试。"威廉接受了这个人的建议，然后去了一家保险公司。

第一天工作，保险公司就安排他去拜访客户。他背着包，拿着提前准备好的资料来到了一个客户家里。令他吃惊的是，这个客户并不是一位陌生人，而是那家百年老店总经理的太太。在交流过程中，这位太太讲起百年老店的故事，百年老店的创始人，曾经只是一个鞋匠。威廉非常好奇，追问道："一个鞋匠如何创建了日用品公司？"这位太太毫无保留地甚至是绘声绘色地向威廉讲述了一切。听完，威廉对这位太太说："如果我回到百年老店，我一定不会令你们失望。"这位太太劝他道："既然选择了离开，也就不需要回来证明什么！如果你的想法有了转变，在保险公司也能成功。"

回到保险公司，威廉就给自己制订了一个三年计划。这个三年计划并不是在三年内实现什么样的销售目标，而是在三年内读多少书、考多少证、参与多少公益活动。或者说，这个三年计划是自我改变计划。没有想到，三年后的威廉竟然站在某大学礼堂里进行激情演讲，台下报以热烈的掌声……

有名人认为："要想懂得一门知识，先得承认自己无知。"这句话，似乎与放空自己的"空杯心态"不谋而合。如果一个人，一味地骄傲跋扈、故步自封，慢慢就会变成保守派的"掌门人"，遇到水平高的"踢馆者"，马上就会败下阵来。如果是一个谦逊低调、思想灵活、学习力强、敢于实践的人，就能获得"真功夫"，成为职场高手。我认为，改变自我虽然很难，但并非"难于上青天"。我建议，改变自己可以从以下三个方面入手。

1. 设定目标

每个人或大或小都有一个目标，这个目标或具体、或笼统，或清晰、或模糊，或长久、或短暂，或难度大、或难度小。不管怎样，人都需要一个目标，一盏路灯。如果没有目标，走累了，也就停下了。但是想要改变自己，我们需要让自己的目标具体化、清晰化，而且长短结合，符合实际。有了目标，人的大脑就会产生一种目标意识，促使人们挖掘潜能，实现目标。

2. 大胆设想

想象力是改变世界的灵丹妙药，也是自我改变的最好配方。前面我们说，思维定式是一种懒惰，"书呆子"是因为不动脑子。敢于大胆设想，人才能够远离"思维定式"，突破边界，创造出新生事物。狄德罗给"天才"做的定义是："精神的浩瀚、想象的活跃、心灵的勤奋。"做到了这三点，自己也就随之改变了。

3. 拒绝诱惑

有一些人，他们对"随波逐流""装腔作势"等不良现象嗤之以鼻，对"墙头草随风倒"的行为更是厌恶至极。他们完全不会与这类人同流合污，当他们遭遇了诱惑，也不会自我蜕变。革命家黄兴说过一句话："不为利动，不为威劫。"而另外一个古人言："不以穷变节，不以贱易志。"其实就是告诫我们：做人，要有"立根"之本。根扎得深，人的精神面貌、气质状态就会有根本性的变化。如果我们轻而易举被诱惑，天天"跳槽"，慢慢也就成为追名逐利的俗人。拒绝诱惑的目的，是为了排除一切干扰，自我升华。这种改变，才是力度空前的。

改变自己的目的是为了让自己变得更优秀、更有价值。或许，这种做法是功利性的，但是这种"功利"有积极的意义，甚至还会对组织、企业产生积极的影响。

拓展思路的六个技巧

行军打仗，有三十六计；团队工作，也需要有几个装着妙计的锦囊。"以不变应万变"的处事方法，在多数时候是不靠谱的。因此，我们不但要灵活多变，还要厘清思路，用适宜的办法解决问题。也就是因地制宜法，这种方法非常实际，它不局限于一个点，更讲究实践与理论的结合。事实上，拓展自己的思路也是如此。我认为，拓展思路有六个技巧。

1. 多交流

事实上，许多经验之谈来自他人之口。通过交流，我们不仅能彼此分享情感，还能彼此学习、借鉴。举个例子：有一个乒乓球运动员，当他输给一名外国选手后，便开始分析输球原因。他先是得到教练的指导，后来又向更有经验的老运动员请教。通过这种交流，这位乒乓球运动员掌握了新打法，从而提高了自己，开阔了思路。如今，许多企业、组织都会提供交流平台或者经验交流会，要好好利用这样的机会，用交流的方式获得新看法、新思路。

2. 多联想

弗雷德里克·泰勒说过一句话："具有丰富知识和经验的人，比只有一种知识和经验的人更容易产生新的联想和独到的见解。"由此可见，联想也是一件非常重要的事情。关于"联想"，我们总能想到爱迪生和福尔摩斯，创造与探求真相，似乎就是"联想"的终极指向。许多成功者，都是因为一个美丽的"想象"而产生动机。另外，"联想"可以把许多看上去没有关联的"点"串联起来，串联起来的这条"线"，有可能就是我们苦苦找寻的规律。因此，我们要多动脑筋，多去联想和设想，许多有困难的事情，都是靠"联想"出来的办法解决的。

3. 多读书

有些人，总会忽略书的作用。老师教学生如何使用工具书，借助工具书解决问题。书，并不是一种摆设；一本好书，一本专业书，里面就藏着解决问题的办法。比如，西方人把《圣经》奉为"智慧之书"，一切解决问题的办法，皆可以从《圣经》中找到。养成读书，尤其是读好书的习惯。俗话说，书中自有黄金屋，书中自有颜如玉。我认为，书中自有好思路，书中自有好办法。有时候，求己不如求书。我发现，成功者大多是"书痴"，借助书本里现成的知识提高自己，如同走捷径一般。

4. 多思考

笛卡儿有句旷世名言："我思故我在。"一个人，只有通过思考，才能成为一个人。如果不思考，人与其他动物就没有什么区别了。我们常常听到这样一些词语，比如"不开窍""榆木脑袋"等，用这些词语形容那些做事不动脑、走路不看道的人。但凡动动脑筋，想必也不会如此"食古不化"。头脑越用越活，越不用越拙。因此，我们不但要多动脑，还要将大脑中形成的想法和思路记下来。养成多思考的好习惯，思路自然就开阔了。

5. 多观察

许多人通过仔细观察，就能发现新思路。有一个银行客户经理，他每天下班回家，都会路过一家粮油批发站。这家粮油批发站生意非常火爆，凭着职业敏感，这个客户经理开始悄悄观察他们的一举一动。后来他发现，这家粮油批发站借助一种"产品捆绑＋会员"的促销方法，刺激大量消费者购买。因此，他将这个理念运用到自己的销售工作中，也取得了非常好的成果。社会改革家塞缪尔·斯迈尔斯认为："对微小事物的仔细观察，就是事业、艺术、科学及生命各方面的成功秘诀。"

6. 多总结

我们要养成总结的好习惯，每一个阶段都要进行总结，甚至每一天、每一刻都要进行反思。通过总结，我们会减少犯错，理顺脉络，从而提高解决问题的能力，拓展思路和视野。

拓展思路的技巧不会只有六个，日常生活中，只要我们多动脑、多探索、多多与人交流，就一定能发现"新大陆"。

第十三章 创新思路，解决绩效瓶颈

瓶颈是一座山，山的高度，取决于一个人的行动。如果我们掌握了一定的方法，山再高，也能够翻越过去。大胆创新、敢于实践，是破解银行瓶颈的最好方式，甚至是唯一方式。

影响个人绩效的六大瓶颈

研究表明，对于一个企业而言，每过十年就会遇到一个瓶颈期，每过二十年就会有 50% 以上的企业面临洗牌。如果无法突破瓶颈，许多企业就会被淘汰。企业如此，人更是如此。人的瓶颈期或许更加难以突破，尤其是当一个人的经验、事业达到一定的高度，就会停滞不前。因此，我们常常会听到这样一类新闻：朝阳群众举报某某明星、导演在家中吸毒。这些人为何要吸毒呢？其实就是遭遇了瓶颈期而寻找的一种发泄途径。事实上，通过吸毒这样的方式，不仅无法突破瓶颈，更消磨了人的意志，让瓶颈的"墙体"更厚，更加无法突破。现实中，影响个人的瓶颈到底有哪些呢？我们又该如何突破瓶颈呢？

1. 工作难题越来越多

我曾听到这样的抱怨："工作不是越干越少，反而是越干越多!"事实

111

上，职场中的工作，本来就是一项接着一项的。之所以有这样的想法，原因有两个：一是对待工作的积极性大不如前；二是处理工作的方法没有得到改进。这两个因素导致工作难题越来越多，也预示着个人瓶颈期的到来。那么该如何对症下药突破这个瓶颈呢？一是要调整自己的心态，让自己继续保有对工作的激情；二是要改进工作方法。工作方法改进了，就能大大提高处理问题的效率。

2. 难以得到组织信任

有一个员工，工作几年后，逐渐发现领导不爱找自己谈话了，甚至连重要的工作任务也安排其他人去做，自己仿佛沦为"边缘人"。后来，他从同事口中得到了两个答案：一是其他人工作态度更好、执行力更强；二是他之前的工作并不能让领导满意。说白了，就是自己的工作没有得到组织肯定。如果出现了这样的问题，我们就要非常警惕了。信任是工作的基础，失去了信任，一个人的价值也会随之降低。因此，我们想要重新赢得组织的信任，就要一点一点从小事做起，并且把小事做好。

3. 失去同伴的支持

古人言：得道者多助，失道者寡助。一个篱笆三个桩，一个好汉三个帮。世界上孤胆英雄很少，绝大多数都是普通人。如果一个人失去了同伴，如同失去了一只手或者一只脚，工作就将陷入困境，瓶颈期也就来了。因此，我们要常常审视自己、扪心自问：是否有骄傲、轻浮、难以被他人接受的一面？如果存在，我们要想办法立刻改正。是否存在沟通不畅、与同伴存在误会？如果存在，我们要抓紧去沟通，打开天窗说亮话，想办法让同伴接纳你。

4. 做事永远没有头绪

如果一个人找不到解决办法，就如同拉磨一般，一圈一圈地瞎转，这就是一种做事没有头绪的表现。如果存在这种现象，我们要从以下三个方面解决。第一，转累了，就需要停下来重新观察与思考，看看能否从其他方面下手。第二，寻找他人帮助。有一些人爱面子，喜欢自己一个人"啃"，但是到了"啃"不动的时候才发现，里面不是骨头，而是铁。第三，换个角度重新看待问题，问题是死的，人是活的。多换几个角度，问题可能就解决了。

5. 与人磨合出现问题

就像一对夫妻，刚刚结婚时感情好、关系密切，结婚七年开始有"痒"，十年婚姻便逐渐转化为亲情……如果中间出现了一点差错，恐怕两个人的婚姻就会亮起红灯。集体生活中，人与人之间的关系也是如此。如果磨合出现了问题，我认为最应该做的一件事就是：沟通！只有进行沟通、谈心、坦诚交流，才能消除隔阂。另外，我们还要有一种牺牲精神、奉献精神，在工作中谦让他人，才能得到他人的关心与帮助。

6. 自己的职业生涯到头了

不久前，我的一个朋友对我诉苦："看来我是升职无望了，只能慢慢熬到退休了！"事实上，诉苦的这位朋友今年才43岁，恰恰是年富力强、出成绩的好时候。有这样的悲观心态，实在令我惊讶。后来我劝他："不是你的职业生涯到头了，是你心态到头了，滋生了懒惰心理。"当大家也出现类似的感受，我们可以给自己一个"假期"，对自己的未来进行第二次规划。

瓶颈不是一座难以翻越的大山，只要我们有信心、有准备、有策略，就一定能突破它、战胜它。

取长补短，开阔眼界

有一个拳击手，名叫亚瑟，他身长臂短，似乎并不适合从事这个职业。最初，一个教练劝他："你没有这样的天赋，还是回家好好学习，将来找一份好工作吧！"但是亚瑟依旧执着自己的梦想，希望有一天能够站在拳王擂台上。为了弥补自身的缺陷，他苦练脚步和重拳。一年之后，亚瑟再次出现在那个教练面前。当那个教练继续拒绝他的时候，他恳求教练："教练，能否让我与你的弟子打一场比赛？如果我输了，从今以后，我远离拳击场，去做我应该做的事情。"教练答应了他的请求。

这位教练并未安排他最优秀的弟子与之交战，而是随意派出一个弟子。令教练震惊的是，还不到一分钟，他的弟子便被亚瑟击倒在地，甚至不省人事。教练认为这是个意外，于是派自己最优秀的弟子接着与其交战，也仅仅打了两个回合，就被亚瑟的重拳击败了。亚瑟连赢两场，然后问教练："你能否收我为徒？毕竟我连赢两场。"虽然这个教练非常尴尬，但是还是向亚瑟道歉，并收他为徒。

苦练几年，参加过多次业余比赛，亚瑟的成绩一直非常优秀，甚至击倒率高得惊人。教练决定让亚瑟试水职业拳坛，做一名伟大的职业拳击手。亚瑟深知职业拳坛高手如云，想要成为拳王，一定要付出极大的代价。因此，他必须扬长避短、充分发挥自己的优势，才有可能拿下比赛。亚瑟初登职业拳坛的第一场比赛就大获全胜，接下来他还赢得了十连胜，一举拿下洲际拳王头衔。亚瑟终于成功了，后来他对某体育杂志的记者说过这么一句话："只要你能够在赛场上充分发挥自己的长处和特点，就能弥补你的先天不足。"

古人言：尺有所短，寸有所长。世界上的每一个人，都有自己的长处和短处。即使你拼命去补短，也很难及他人之所长。那么是不是有了这样的短处和缺陷，就会成为组织的"拖油瓶"？我认为，不会。事实上，当今许多用人单位，都是取人之特长而用之，你适合做什么，就会出现在什么样的岗位上。所以，我们大可不必担心，只要能够取长补短、扬长避短，就能够成为组织内的主力成员。

1. 取长补短

取长补短的意思，是取他人之所长，补自己之所短。尤其在一个团队中，能够合作、相互补台，就是一种取长补短。举个例子：有一个人，不善言辞，但是善于做细致的整理工作。另外一个人，善于言辞，但是却大大咧咧、总爱忘事。这两个人在一起工作，就非常"互补"，既能够做好外交，也可以做好内部管理。一个人想要做到取长补短，必须要虚心接受他人的帮助，也要热情地去援助他人。如果自己是一副高高在上、惺惺作态的形象，恐怕会吓跑身边的人。另外，我们要有自知之明，要了解自己的优缺点。只有这样，我们才能借他人之长补自己之短，才能完成组织交代的工作。

2. 扬长避短

许多人认为，"取长补短"与"扬长避短"有冲突，甚至是势不两立的。我认为，一个人如果能够两者兼顾，必然会大大开阔自己的眼界，提升自己的执行能力。什么是扬长避短呢？就是通过发挥自己的长处来"掩盖"自己的不足。我在"掩盖"二字上加了双引号，是需要特殊说明一下。"掩盖"并非完全忽略，而是一种"光芒"上的遮挡。对于一个职场人而言，能够在工作中充分发挥自己的特长，已经是"革命性"的成功了。至于短处，只要它不拖累你，不会成为你成功路上的绊脚石，这样的短处，也是可以包容的。

不管是"扬长避短"还是"取长补短"，我们都要了解自己、认清自己，给自己一个定位、一个目标。只有这样，我们才能取得成功。

调整心态，用创新突破自己

爱因斯坦说过一句话，想象力比知识更重要，因为知识是有限的，而想象力概括着世界上的一切，推动着进步，并且是知识进步的源泉。后来，他又对这句话进行了补充，并说："若无某种大胆放肆的猜想，一般是不可能有知识的进展的。"想象力是一种能力，创新是一种勇气。如果没有创新，恐怕我们还生活在黑暗的角落里。汽车、飞机、电视、互联网、手机等，都是发明创造的结果。"经营之神"松下幸之助则表达得更为直接："非经自己努力所得的创新，就不是真正的创新。"

有一个人叫茨威格，他是一名冲浪帆船爱好者。事实上，冲浪是一项非常危险而刺激的运动。正如某个哲人所说："勇敢可以赋予你其他的力量，其中也包括智慧。"那么茨威格在冲浪中悟到了什么呢？

当他第一次踏上帆船，刚刚出海，就被一个巨浪迎头打翻了。对于茨威格而言，绝对是出师不利啊！换成其他人，或许再也不碰帆船了。但是茨威格打算突破自己、证明自己，他一次一次地出发，一次一次地失败。后来，一个资深冲浪者深受感动，便手把手地传授他冲浪技术。并对他说："帆船就是你的身体，而你是驾驭它的灵魂。你可以改造它，让它更听话、更可靠、更有灵性。"

这句话让茨威格明白了一个道理：即使是简单的冲浪，也要对自己的帆船加以改造。于是，他制订了一个帆船改造计划。他先是调试船板，后来对船帆也进行了重新设计，以更符合自己的驾船习惯。导航系统他也进行了更换。看上去，这个帆船像是自己独立创造出来的一样。他几乎一有时间就驾船下水。失败了，就继续改造，直到帆船性能稳定、可靠为止。有一次，茨威格参加一场"银色沙滩杯"帆船冲浪挑战赛，他从 90 名冲浪者中脱颖而出，一举拿下了冠军。

本田宗一郎认为："光看别人脸色行事，把自己束缚起来的人，不能突飞猛进，尤其是不可能在科学技术日新月异的年代里生存下去，就会掉队。"我们不仅需要创新，而且是迫切需要！因此，我们要树立一个创新的姿态，靠创新突破瓶颈。

1. 养成怀疑一切的习惯

法国哲学家笛卡儿说过一句话："如果你想成为一个真正的真理寻求者，在你的一生中至少应该有一个时期，要对一切事物都尽量怀疑。"如果我们只是一味地肯定、赞同、支持，甚至做他人思想上的"追随者"，走到底，撞到了南墙，那又该怎么办？是不是后悔已晚？因此，我们在执行任务之前，就应该对此大胆怀疑、大胆假设，凡事都要打一个问号。只有自己弄明白了，才知道核心是什么，目标是什么，自己又要如何执行，就像有人说的那样："怀疑比自信更安全可靠！"

2. 对新事物和未来抱有渴望

就像一个扎风筝的人向往蓝天一样，他可以用竹子和布匹做出一对翅膀，模仿鸟的飞翔，从高处跳落下来。当然，这一定会是失败的。至少，这是一种尝试，是对征服蓝天的一种渴望。无数次的尝试与失败，给后人带来了启发。直到1903年莱特兄弟发明飞机，才真正意义上实现了人类的飞行梦。如果我们没有追求，对未来没有任何欲望和幻想，恐怕也就没有现代的智慧与文明。只要我们对未来还有渴望，就会有一种动力去尝试、创新。

3. 要养成一种冒险精神

冒险不是一件坏事，甚至是一种胆量，因为敢于冒险的人总能吃到第一口鲜。美国著名整形外科专家马克斯威尔·莫尔兹在其畅销书《你的潜能》中讲述："你每天都必须有勇气承担犯错误的风险，失败的风险和受屈辱的风险。走错一步总比在一生中'原地不动'要好一些。"因此，冒险好过原地踏步，甚至比那些保守的原则派要有希望和前途。敢于冒险的人，都是一些热爱实践的人；而成功者，大多是喜欢冒险的人。

创新和冒险，是突破人生瓶颈的方法，也是一种自我蜕变、自我成长的方式。就像著名经济学家贝弗里奇鼓励年轻人的那句话："青年的敏感和独创精神，一经与成熟科学家丰富的知识和经验相结合，就能相得益彰。"

第十四章　树立标杆，实现自我超越

不管一个人身在何处，都应该有一个目标。目标是什么呢？可以是一个数字、一个灯塔、一个人、一面镜子……只要员工心中树立了标杆，产生了前进的动力，就有可能实现自我超越！

以史为镜，以优秀者为榜样

俗话说，近朱者赤，近墨者黑。与君子交往，自然会行为高雅；与小人交往，自然会沾染恶习。向优秀者看齐，自己也会慢慢变得优秀。举个例子：国内 110 米栏，算是中国田径的优势项目，这个项目里不仅有"飞人"刘翔，还有拼命追赶刘翔的史冬鹏和谢文骏，此二人的成绩同样是位于亚洲前列。这不仅体现了追赶的力量，更是一种对优秀者的致敬。《旧唐书》中写道："夫以铜为镜，可以正衣冠；以古为镜，可以知兴替；以人为镜，可以明得失。"集体中一定不乏优秀者，向优秀者学习，有着极大的便利条件。有一名医生，他曾是某医疗团队的"配角"。后来他一直向团队的"灵魂"学习临床技术和先进的医疗观念，自己的医疗本领有了大幅度提升，逐渐成为该医疗团队的"灵魂"。我们银行职员也需要这种精神。我们常说，前人栽树，后人乘凉。事实上，这棵树是不是结实、牢靠，会不会老化、腐烂，后人更应该用一种"辩证法"去对待，而非盲目继承。借助历史，以历史为镜，以历史中承上启下的人物为镜，我们才能预判未来可能发生的事情。

除了以史为镜，我们更要以人为镜。贪婪，会让一个人遗臭万年；腐败，会让人变成人人喊打的"过街老鼠"。这是一种提醒，甚至是每个人头顶上的"达摩克利斯之剑"。当我们的贪婪超过底线，这种惩罚也就离我们不远了。因此，在这个"镜子"面前，我们要常常比对，常常反省，是不是自己站在了底线附近、随时有触线的可能呢？再比如：许多年前，"服务之星"李素丽，她用自己的热情、热心，在小小公交车上展示了中国人的形象。因此，我们学习李素丽，学习她身上的那种服务精神。在学习过程中，有些人也许会产生疑问。我听到一种声音，是这样说的："铺天盖地的正能量，难道就没有一点负能量吗？正能量'久'了，会不会让人感到疲劳？"产生这样的疑问是正常的，毕竟世界上没有完人，更没有圣人。在产生疑问的时候，我们还要反问自己："我为什么会产生这样的疑问？是我不相信正能量，还是我身上没有了正能量？"等这些反问逐渐压倒疑问的时候，我们也就重新回到学习优秀者、向优秀者致敬的轨道上来了。

身在"森林"，自己也要做"大树"

有一支平民球队，费尽九牛二虎之力终于从第三级联赛升至第二级联赛。俱乐部主席高兴之余，宣布：新赛季，俱乐部的投入依旧有限，需要靠球员的意志力和精神继续战斗。事实上，足球运动员都是吃青春饭，都有一种"趁年轻捞一把"的想法。因此，有几个主力球员坐不住了，他们没有给俱乐部面子，跳槽去了另外一家经济条件好、更有雄心的俱乐部。

俱乐部主教练何塞找到球队队长，希望能说服他继续为球队战

120

斗。队长说："我是一名普通球员，同样想去更高的平台踢球，希望能够拿到更好的成绩和更多的奖金。但是我又是一名队长，球队有困难，责任所在，又让我不得不管。这完全是两难的选择！但是教练你放心，今年我一定会留下来，因为我不想看到这支球队再次降级。"

队长留下了，这个队长亲自约谈了其他几名主力球员。这些球员，有的愿意留下，共同战斗；有的选择离开，追求更好、更高的目标。这支球队，在新赛季开赛之前便已经损失惨重，元气大伤。所有人都不看好这支"升班马"，甚至连博彩公司都没看上他们。有句话是：当别人不看好你的时候，争气就要靠自己。新赛季开始后，这支球队在队长的带领下，爆发出惊人的战斗力。前十场硬仗，球队竟然取得了七胜两平一负的佳绩，领跑积分榜。

赛季刚刚过半，这支球队就已经保级上岸，提前数轮完成了任务。他们在奖金少、后勤保障有限的情况下，竟然取得联赛第四的好成绩，成为当年联赛最大的黑马。赛季结束后，俱乐部老板把这支球队卖给一个有钱的富豪，富豪接手球队后的第一件事便是高薪续约球队队长，希望他成为球队的参天大树，而非森林中最普通的一棵。

超人、蝙蝠侠、汉考克、钢铁侠等超级英雄，都是虚构出来的。但也反映出人的一种渴望：任何组织都需要这样一棵"大树"，为众人遮风挡雨。如果我们还不是参天大树，只是森林中众多小树中的一棵，随着时间的延长、经验的积累、习惯的养成、责任感的促使，我们也会逐渐成长为一棵大树，为其他小树提供"庇护"。有一名银行员工，他学历不高，也没有出众的才华，工作完全借助两件"武器"。第一件武器是责任心，第二件武器是魄力。仅凭这两点，这个银行员工拿到了全省金融系统技能大比武的冠军，而且还成为某地方支行的行长，领导着 25 名员工。事实上，这个行长就是森林中的一棵大树，也是另外 25 名员工的学习榜样。

俗话说：独木难成林。我认为，独木虽然难以成林，但是却可以长得很高、很大，成为森林中最耀眼的一棵树。这棵树，如同耸立在城市森林中的摩天大楼，是具有标志意义的。这样的标志，是我们争相学习的榜样，也是我们力争赶超的对象。古希腊有句名言：模范比教训更有力量。而政治家乔·格兰威尔则说："既然真理和坚贞均告徒劳，既然爱情、痛苦和理智的力量都不能将其说服，那么就让榜样作为警诫吧！"大树的榜样力量是无穷的，它可以影响周围的树木，而它成长的经历如同一本书，能够为其他树木的成长带来参考。如果我们也逐渐成为森林里的"大树"，也应该像"榜样"那样做，像故事中的那位足球队队长，用自己的经验、责任心、战斗力、实际行动为集体保驾护航，或者做开路先锋！

有句俗话："好人的榜样是看得见的哲理。"对于身在集体中的人而言，我们既是森林的组成部分，又是森林中的一棵树。既然是一棵树，为何我们不长得强壮一点、高大一些呢？或许只有这样，才能让森林更有生命力。

标杆是方向，更是目标

每个人都有自己的人生目标，这个目标能够提供一个方向、一种可能。目标是一盏明灯，也是一个标杆，或许标杆的位置上，还曾留下过其他成功者的足迹。俗话说，百尺竿头，更进一步。前方总有更长的路，有更高远的目标等着我们实现。

有一个短跑运动员，他非常有天赋，而且志向远大。他常常对自己说："我想成为世界上第一个到达终点的人。"后来，他艰苦训练，甚至比任何一个人都要刻苦。有一年，他参加地方比赛，拿了一个冠军。这个成绩已经不错了，甚至接近奥运 A 标成绩，那一年他还未成年。有人问他："你的偶像是谁？你的人生目标是什么？"

他语出惊人："我的偶像是卡尔·刘易斯，我的人生目标是超过他，打破世界短跑纪录。"这句话看上去更像一句玩笑，但是这个人坚持自己的目标不动摇。后来他的身高超过了190cm，身材更像是一名篮球运动员。有些人开始质疑，这样的身高，不适合跑短跑。这个年轻人并不在乎他人的言论，而是专心训练与比赛。他的短跑成绩一年比一年好，渐渐成为世界顶级短跑运动员。

2008年，此人参加了北京奥运会，最后以9秒69破世界纪录的成绩打破了同胞阿萨法·鲍威尔的"人类极限"。此人就是短跑天才尤赛恩·博尔特。除此之外，他还有一个人生偶像——NBA著名球星凯文·加内特。他曾经在采访中表示："我是KG（凯文·加内特的英文昵称）的球迷，不管他到哪儿，我会一直支持他。他那种无论赢输都会拼尽全力的精神深深地感染着周围的人。KG是一个战士，是一个领袖，是一个冠军。"

许多人因为心中藏着一个偶像，便把偶像当作自己的奋斗目标。有一名保险推销员，他的人生偶像是销售大师乔·吉拉德。他认为："我热爱销售，热爱保险行业，就像乔·吉拉德对待销售的态度是一样的。"事实上，这个人一边丰富自己的保险专业知识和销售知识，一边制订自己的奋斗计划。工作第一年，他就成为该保险分公司"阳光团队"的带头人；工作第三年，他成为销售副总监；工作第七年，他成为该保险分公司的老总……后来他上调到省公司，成了其他人学习的标杆和楷模。虽然这个人没有成为乔·吉拉德似的销售大王，但至少实现了自己的人生目标，并因此成为团队带头人。事实上，一个团队、一个组织，同样需要标杆。标杆，可以激励团队内所有的人积极奋斗、努力工作。

20世纪90年代，有一个风靡世界的管理工具，叫"标杆学习"，这种"学习"方式与照镜子的方法非常相似。标杆学习就是将一个组织的业绩与业内优秀组织的业绩进行比对，寻找到差距，进而改进流程，提高业绩。最早采取"标杆学习"管理工具的公司是美国的施乐公司。该公司将生产成本、营销成本、营销周期、零售价格等作为"比对指标"，与日本及其他欧洲优秀公司进行比对，寻找差距。通过这种比对，施乐公司找到了差距，也发现了自己的优点和不足。认清了自己，给自己定位准确，便可以扬长避短或取长补短，提高自己的核心竞争力。通过这种"标杆学习"的方式，施乐公司成为了世界上顶尖的数字与信息技术产品生产商，成为业内其他公司学习的标杆。

德国思想家歌德有句名言："人生最重要的事情就是确定一个伟大的目标，并决心实现它。"因此，我们心中要有一个标杆，这个标杆可以是人，可以是数字，可以是存在于虚空中的一个影像……只要这个目标是正确的、健康的、积极的，我们就要披荆斩棘、坚持到底。

第十五章　改善优化，追求卓越成果

世界上没有完美无缺，只有趋于完善。人想要追求完美，只有通过不断的改善、优化，才能实现这一理想。

改善方法先要改善观念

有一个年轻人，他有非常多的新奇点子，同事们给他起了一个外号，叫"疯子"！这个"疯子"在某连锁卖场的仓储部负责仓库管理。这个工作看上去有些枯燥，但是非常考验一个人的责任心和忍耐力。与"疯子"一起工作的，还有45个同事。他们的任务，主要就是搬运货物、将货物进行归类、盘点。

有一年，"疯子"看到一个关于机器人的电影，就产生了一个疯狂的想法：让机器人搬运货物。于是，他将这个疯狂的想法告诉了工友，工友们笑着说："疯子，你果然疯掉了。"没有人支持他的想法，甚至连主管都觉得这是异想天开的事情。但是"疯子"坚持自己的想法，并且拿出大量业余时间去验证、研发搬运机器人。为此，他还报了科技班，用科技武装自己的头脑。几个月后，一款名为"疯子"的搬运机器人被研发出来了。主管竟大吃一惊，然后向"疯子"承诺："如果你的实验成功了，我帮助你推广这个理念！"疯子得到允许后，在仓库里做起了实验。

前两次实验失败了，因为机器人出现了故障。一位懂机电原理的工友告诉"疯子"，简单升级一下装置就可以避免这样的问题。在众人的帮助下，"疯子"的第三次实验取得了成功。此时，那些曾经看扁"疯子"的人都对他竖起了大拇指。仓库主管写报告给上级，上级允许"疯子"搞革新研发，推广新观念。一年之后，一个智能化仓库管理系统出现了。这套系统由电脑操作，机器人可以代替部分人力进行大规模的货物搬运、清点工作，而且失误率极低。"疯子"成为革新能手，后来他的理念在全集团得到推广与应用，每年可以节省数以千万元的人工管理费用。

作家米兰·昆德拉在《小说的艺术》中引用过这么一句话："人类一思索，上帝就发笑。因为人们越思索，真理离他越远。因为人们从来就跟他想象中的自己不一样。思考从来就不是阻碍自己进步的原因。思考的目的在于找出自身的弱点并实践。想太多而不做，或是不想而假装接受，这才是上帝发笑的原因，因为这种思考，叫作自己骗自己。"这句话，并不是嘲笑"思考"，而是嘲笑那些"故作思考"的人。事实上，人通过思考，可以得到办法，运用办法，解决问题。这种行为方式经过日积月累，就会产生"质变"，形成一种习惯，一种观念。英国哲学家约翰·穆勒认为："观念并不一定仅仅是社会环境的征兆与产物，它自身在历史上也是一种力量。"由此可以得出，只有转变自己的观念，才能改变方法，甚至改变自我。

观念，有好的，也有坏的；有保守的，也有开放的；有落后的，也有前卫的……观念如同人的本性，一旦形成，就难以转变。举个例子，有人被称为"死脑筋"，这就是观念保守、不懂转变的一种表现。但是时代在高速变化，甚至一个企业、一个组织、一个部门，都需要不断转变思想，接受新观念的指引。有些人曾经是功臣，因此便躺在功劳簿上睡大觉，甚至还阻挡年轻人去开拓、创新。这个功臣，或许因为自己的保守，而逐渐沦为罪臣。

"木桶理论"也是管理学中常常提到的。何谓"木桶理论"呢？简单解释，一个木桶能装多少水，不是取决于最长的那块板，而是取决于最短的那块板。如果我们还是把"木桶"当作一个同所有木板一样长的木桶，就会犯下平均主义的错误。而这种观念本身就是错误的、不公平的。观念改变了，问题也找到了，把最短的木板换成一根长木板，水也就装得更多。观念不仅影响一个人的行动，而且对组织也会产生巨大影响。如果你是组织中的核心人物，拥有先进的工作管理经验，对团队建设是非常有意义的。

因此，我们要紧跟时代步伐，常常更新自己的观念，让行动照进现实，也让团队更有朝气和活力。

优化改善的重要意义

世界无时无刻都在变化、前进，如果我们依旧抱着古人的思想意识去生活、工作，就会被社会淘汰。达尔文说过一句话："能够生存下来的物种，并不是那些最强壮的，也不是那些最聪明的，而是那些对变化做出适应的。"如果我们能够适应社会的变化，持续不断地对自己的工作方法进行优化、改善，就会像《进化论》中的"优势物种"那样成为世界的主宰者。罗曼·罗兰则用时间提醒我们："即使一动不动，时间也在替我们移动，而日子的消逝，就足以带走我们希望保留的幻想。"我们不但要持续优化、改善，而且还要抓紧时间，在机遇到来之前将一切准备好。我认为，优化改善有四大意义。

1. 保持竞争力

举个例子：有一个制药公司，刚刚成立不久。为了立足市场，该公司老板高薪聘请了一个研发团队为公司做研发。这个团队为了完成企业下达的任务，在短时间内进行了资源整合、实验室的建立以及相关专利的购买；在激励方面，更是一改传统的鼓励模式，大胆采取更先进、更具魄力的激励方法。团队成员干劲足，自然就会出成绩。新产品生产出来了，不仅填补了市场空白，而且让这个新生公司极具竞争力。优化改善的目的，就是为了让管理方式、工作方法、执行力有显著提升。管理质量提高了，研发能力和销售能力也就得到了保证。如果我们失去了竞争力，恐怕很快就会被时代所淘汰。

2. 体现智慧

人类的发展史和进化史，是不屈不挠的抗争史，体现了人们的适应能力和改造自然的智慧。在饥饿面前，我们学会了刀耕火种，从而告别了围场打猎；在传承方面，我们创造出文字，告别了结绳记事；在改造自然方面，我们学会了冶炼、铸造，促进了人类文明的进一步发展。每一个阶段，人类都是通过优化改善，以技术革命的形式改变了社会，彰显了智慧。对于一个人、一个团队，我们更要树立一种观念，通过不断改进工艺、优化管理等方式，不断让组织发展壮大。因此，我们常常借世界五百强的管理经验，把其当作"管理圣经"来管理我们的企业和团队。而这些成功的管理经验，恰恰就是一种智慧。

3. 铸造"精神"

一个人不断地改进、改善，就会彰显活力。一个组织不断优化，就会向世界展示出一种"精神"，这种精神就是"创新精神"。另外，集体的智慧是集众人智慧为一体的，似乎更具有"爆炸"威力。比如企业改革、转型，成功与否与组织优化直接相关。如果转型成功了，企业再次顺利启航，更体现出一种集体智慧和集体主义精神。因此，企业还可以在此基础上搭建企业文化、形成企业魂魄，这对传承企业精神有好处。

4. 形成习惯

我认为，创新就是一种优化与改进。"经营之神"松下幸之助说："一味地增加员工、扩充门面，而不改善编制，好景是维持不了多久的。"这句话，是针对企业组织经营管理而言的。大作家列夫·托尔斯泰则言："一个人必须把他的全部力量用于努力改善自身，而不能把他的力量浪费在任何别的事情上。"这句话，是针对一个人而讲的。不管是集体还是个人，我们都要把"自我改善"与"自我优化"当作一项重要的任务。如果我们坚持优化，坚持不断地改进，就会形成一种习惯，甚至是一种氛围。

俄国作家车尼尔雪夫斯基说过这么一句话："历史的道路不是涅瓦大街上的人行道，它完全是在田野中前进的，有时穿过尘埃，有时穿过泥泞，有时横渡沼泽，有时行经丛林。"因此，我们只有不断改进自己的"车辆"和"鞋子"，才能顺利穿过尘埃、泥泞、沼泽和丛林。

七大工作改善方法

人类改造自然的方法在发生着变化。从历史的角度看，改造方法越来越先进。成熟的方法代替了不成熟的方法，先进的方法取代了落后的方法。20年前的企业管理还是粗放的、讲究平均分配的管理方法，现在的企业管理讲究集约化管理、人性化管理，更是采用科学有效的激励机制。改善工作方法的目的，就是为了提高效率、顺应时代发展潮流。如果我们坚持穿旧鞋走新路，时间久了，恐怕只能赤足前行了。如今，上自集体下至个人，都在为提高能效而努力，为改进工作方法付出极大的心血。银行工作改进方法大概有以下七种。

1. 预防出错法

中国人总会讲"预防"二字，所谓"预防"，就是防患于未然，提前把"错误"杀死在摇篮里。我记得有一位银行老总，每一次银行招入新人，他都会亲自组织召开"新人见面会"。会议上，他总是当着新人的面，把银行的规定、纪律、制度等，一一进行介绍，并强调遵守纪律、尊重岗位的重要性。这种方法就是给员工提醒，让他们认识到犯错的严重性。自我预防更是对自己的一种提升，与组织预防机制相比，这是一种主动预防出错的方法。

2. 操作改良法

对于一个职场人而言，岗位工作就是一种"操作"。举个例子：生产操作不仅要符合标准，而且还要提高生产效率和产品质量，因此在生产操作方面，依旧有改善的空间；营销操作就是将产品出售给客户，优化整个销售工作，便是对这种营销工作的改良。

3. 流程改良法

这种方法并不是针对流程而设计的，而是一种对工作进行改进的流程。通常来讲，这种方法可以以流程改良图的形式来实施。通过绘制图，我们可以清晰地看到整个工作过程中所有的操作节点的变化，如果发现某个"节点"出了问题，便对这个"节点"对症下药，精准改善。许多企业、组织都在使用这种简单而直白的工作改善方法，且效果显著。

4. 5W2H 法

这个方法恐怕是世界上最流行、使用最为广泛的方法。这种方法方便理解，科学有效。5W2H法，就是通过七个提问，对自己的工作进行反思，从而找到问题的所在，优化问题。5W 分别是"为何""何事""何处""何时""何人"，2H 分别是"怎么做""程度如何"。对这几个问题，如果我们能够轻松回答上来，便不需要马上改进；如果我们不能顺利解答，就需要及时进行改进。5W2H 法可以让工作更有条理，从而弥补工作流程中的缺失项。

5. 研究调查法

如今，人们常对各式各样的研究、调查嗤之以鼻，总认为这些工作是一种"资源浪费"。事实上，这仅仅是对那些敷衍了事、装腔作势的调研方式的一种厌恶和痛斥。真正的调研不仅有意义，而且能够为工作提供重要参考。许多世界知名公司或组织都有自己的调研部门，这些部门可不是虚设岗位。组织通过调研部门得到竞争者的情报、市场规律变化信息等，从而调整自己的策略，改变工作方法。

6. 抽查法

举个例子：许多企业常常对产品、人员岗位进行抽查，而且这种抽查是随机的，而不是提前安排好的，结果具有一定的偶然性和差异性。事实上，我们恰恰需要这种偶然与差异。通过抽查，我们可以发现问题，并及时处理与改善，从而预防这种偶然事件的发生。

7. 倾听法

一个人的眼界和视野是有限的。在处理问题方面，很难做到最好。因此，我们需要结合他人的意见和看法，来完善自己、提高自己，从而改进工作方法。倾听法，就是在人与人沟通的基础上演变而来的。

改进工作的方法或许还有很多，大家可以在实践中总结。希望朋友们在职场生活中多观察、多反思、多总结，提高自己、改进自己的工作方法。

"三步走"改善自己的工作

大作家奥斯卡·王尔德说过一句话:"为了自己,我必须饶恕你。一个人,不能永远在胸中养着一条毒蛇;不能夜夜起身,在灵魂的园子里栽种荆棘。"事实上,人是一种很固执的动物,这种固执能够体现在许多方面。一个人很难接受别人的看法,他总是在乎自己的想法;一个人的工作方法、工作习惯,常常是难以发生任何转变的,我们把这种行为称为"固执己见"。还有一些人,总是采用一种以不变应万变的策略,不管发生了什么事情,都不会轻易改变。这种做法,有时候很聪明,但大多数时候却显得很愚蠢。就像有人说:"地震来了,难道我们还不跑吗?"地震来了,我们不仅要跑,而且要快速做出反应,才可能躲过危难。

有一个人叫穆勒,他是一位大坝工人。穆勒所在的地方,由于当地非常干旱,水库里的水位非常低,甚至肉眼就能看到水底。但是有一年,这个地方遭遇百年不遇的大暴雨,水位连续上涨,大坝的坝体开始漏水,几乎有溃堤的危险。穆勒的一项工作是,当大坝水位上升到警戒线,就要开闸放水。但是这一次,他非常纠结,他并未开闸放水。穆勒说:"如果这时候开闸放水,势必会对下游区域造成二次水灾,我不想做这样的罪人。"但是上级下达了命令,要求穆勒必须放水,否则工作不保。

此时,一个老者告诉穆勒:"如果不放水,大坝垮塌了,给下游造成的损失会更大!"

"可是,我的家也在下游。"穆勒说。

老者给他一个建议:"水可以一点一点地放,闸可以一点一点地开!这样不但对下游没有影响,而且还能起到泄洪、保坝的作用。"

穆勒听了这个建议后,露出笑脸,他敲了敲自己的脑壳,心想:自己怎么想不出这样的办法呢?事实上,这只是一种优化方式,并非

创新或发明。有时候，人稍微转变一下思路，或对一些地方进行一下
细化，或许问题就解决了。于是穆勒按照老人的办法，一点一点地开
闸放水。水库的水位逐渐降低，坝体也不再漏水。泄出去的洪水，因
为水量较小，而且平均，并未对下游产生影响。幸运的穆勒，不仅保
住了大坝，而且出色地完成了工作。

改善自己的工作，就如同对一座房屋进行修缮，破的地方补一补，老
化的地方换一换。这样做，既不用动本，又能够节约时间、降低不可控的
风险。我认为，改善自己的工作，可以分三步走。

1. 对工作进行分析

前面我们讲了很多改善方法，比如5W2H法，借助这个方法，我们可
以对自己的工作进行自查。比如：为什么去工作？工作的目的是什么？谁
来做？什么时候做完？在哪里做？怎么做？结果如何？问题列出来之后，
我们就要逐一按照实际情况进行回答。在回答过程中，我们还要借助纸和
笔，甚至一些管理工具进行分析、记录，所整理出来的答案，就是需要优
化的项目。

2. 改善旧方法

改善旧方法，通常坚持以下几个原则：①要对关键项目进行细化、分
解；②要对一些无关紧要或者毫无意义的项目进行删减；③能够简化的流
程，要想办法进行简化；④重新整理工作顺序，建立相关流程；⑤对新流
程进行推演、评估。坚持以上原则，旧方法就会被改善，从而变成一个新
方法。

3. 导入新方法

新方法可以是在原有方法的基础上进行改良的，也有可能是组织上级

交代的新方法。不管如何，在导入过程中，首先要检查"导入"环境的健康状况。如果我们的岗位工作处于较为平稳的状态，就是最佳导入时机。方法导入进去之后，还要进行为期几天的测试和适应。就像一个人，突然换了一双新鞋子，需要一段时间磨合。

　　每个人都有自己的局限，因此需要在工作之路上不断修补、改进，才能趋于完善。世界上没有最好的工作方法，但是却有最适合自己的工作方法。只要能够不断进行改善、升级，想必自己手里的"土枪"也会拥有巨大威力。

第十六章　超前研判，总是快人半步

古人言：凡事豫则立，不豫则废。银行工作人员做任何事，都要进行超前研判，提前准备。另外，我们还要培养一种洞察力和前瞻力，提升自己的层次。只有这样，才能把控大局、快人一步。

成功者：前瞻性和洞察力

一个成功者，一定要有眼光和眼界。所谓"眼光"，就是看得远，有一种超前意识；所谓"眼界"，就是看得宽阔，有一种统揽大局的意识。诗曰："欲穷千里目，更上一层楼。"意思是说，想要看得远，就要站得高，也就是"登高望远"的意思。这里的"高"，不是一种物理高度，而是一种境界。

法国古典作家拉罗什富科认为："丧失远见的人不是那些没有达到目标的人们，而往往是从目标旁溜过去的人们。"有些人认为自己不是领导，甚至连团队核心都不是，也就无所谓这种"前瞻性"了。有这样一种言论："跟着领导走，就可以了！"这个观点看上去有"拍马屁"之嫌，甚至还是一种聪明之举。但是仔细分析，完全是一种目光短浅、懒惰的做法。事实上，基层也有基层的竞争，有前瞻性的人总能比其他人有准备。有一位年轻人，当他看到公司有新项目的规划，便暗自下决心，打算成为"未来项目"的专业人才。当公司还在论证阶段时，他便到学习班学习，并提前考取了专业技能证书。两年之后，该公司成立分公司，这位年轻人就顺理成章地成为了该项目的骨干成员，从普通员工一跃成为中层干部。这种励志故事有很多，举不胜举。英国有一句谚语：预见到危险，危险就避免了一半。就像那些知道山有虎，早早为自己穿上"防护装备"的人，就会降低风险；如果不知道山上有虎，也没有任何防御准备，恐怕就有可能成为老虎的盘中餐了。尤其在当今瞬息万变的社会，稍有差池就有可能被淘汰。在这样的大环境下，更需要职场朋友们拥有这种前瞻性和危机意识。只有这样，才能做好准备。

另外，一个人还应该有洞察力。所谓洞察，就是深入事物的一种观察、判断能力。如果鼠目寸光是目光短浅的一种表现，那么明察秋毫则是极具洞察力的表现。洞察，不仅能够看到"秋毫"，甚至连"秋毫"的颜色、形状、气味、成分都一清二楚。如果做到了这一点，就拥有了透过现象看本质的本领。

有一个法医，他拥有一项本领：通过一个脚印，就能分析出这个人的体重、身高。这项本领起初并未引起相关方的兴趣。而他只是把这项本领当作一种爱好。

这个法医有一个习惯，每去一次案发现场，他都会对脚印进行拍照，自己单独留一份，回家进行分析。为了验证自己的成果，他还通过关系，拿到一些资料，对罪犯的身高、体重、脚印等进行数据计算，后来他发现，自己的研究方向是正确的，而且推测结果也与犯罪事实基本吻合。

有一年，当地发生了一起凶杀案。案件发生后，嫌犯就此"人间蒸发"了。由于这起案件在当地影响特别恶劣，相关部门的侦破工作压力很大。此时，这位法医毛遂自荐，希望自己能够参与案件侦破工作。后来相关部门给予他机会，而他则利用自己的本领，借助脚印，挖掘到嫌犯的特征，比如身高、体重、年龄等，从而大大缩小了侦查范围。不到 72 小时，警方便锁定了嫌犯，并对其成功抓捕。这个法医，也因此出了名。后来，这个法医参与过许多案件的侦破工作，声名远扬。

俗话说：一叶知秋。这是一种洞察本领。有了这种洞察力，再结合一种前瞻力，对一个人甚至一个集体而言，恐怕就"无敌"了。

未雨绸缪与超前研判

俗话说，不打无准备之仗。做任何事，都要提前"打草稿"——这件事应该怎么做，如何处理，怎样才能达成共识等。如果等到领导宣布结果再去做，恐怕为时已晚。举个例子：有经验的人看到有变天的征兆，就会提前对房屋进行修缮，比如对屋顶进行加固，提前做防水处理等，目的在于防风防雨。我们把这种提前做工作的方式叫"未雨绸缪"，与"不打无准备之仗"意思相似。

有一个贸易公司，发展得非常迅速。短短十几年时间，经营收入翻了 50 倍。这家公司是怎么做到的呢？

该公司的老板叫孙浩，学历不高，但是人非常精明。十几年前，原煤市场不好，许多矿井被迫关门，大多数人生意萧条。但是孙浩似乎"闻"到一股商业气息。他说："到了低谷，下一步就要反弹了！"因此，他变卖房产、贷款、借钱，凑足了 300 万元，全部用来买煤。许多人都认为，孙浩脑子烧坏了，现在买煤，完全是倒霉嘛！瞅准商机的孙浩坚持自己的做法，没想到三个月之后，煤价暴涨，他不但没有赔钱，反倒赚了 100 多万。

　　赚了钱的孙浩，注册了一家贸易公司。这家贸易公司经营范围广、跨度大，什么赚钱就做什么。俗话说，天有不测风云。"非典"暴发之后，孙浩的生意一落千丈。他开始反思：是不是太急功近利了？后来孙浩停下工作，去欧美各国游学，游学经历让他长了很多见识。

　　有一个教授对他说："要注重积累，成功需要时间。"孙浩深表赞同，于是下决心改变。回国之后，他的贸易公司主攻进口炉料，在通关、存货、物流、销售等环节，下足了功夫。正因如此，孙浩的公司逐年壮大，而且摸清并掌握了市场规律，即使在市场出现严重波动的情况下，他的贸易公司依旧没有出现亏损。后来孙浩还成为该地区十大企业家之一。

　　未雨绸缪是一种智慧。《菜根谭》中有这么一句话："未雨绸缪，有备无患。"例如，有些人常常在家里备用一些治疗感冒、发烧、腹泻、止痛止痒的药，从而做到有备无患；还有一些去西藏的人，去之前会准备红景天以预防高原反应。俗话说，临时抱佛脚，事情易办糟。举个例子：有一家企业，正在接受 ISO 9001 企业管理认证，许多部门在审查之前，都提前做好了准备，唯有那么一个部门，不以为然。这个部门的一名负责人说："ISO 9001 没有什么用处，完全是花钱买'面子'！"老板下达了死命令后，这个部门才开始整理、忙活。由于时间太紧，他们只能临时"凑单"。审查结束后，这个部门因为有很多不达标项，最后拖了公司的后腿。

　　临阵磨枪和未雨绸缪有一点相似。虽然说，临阵磨枪是有效果的，但是这种效果也仅仅是浮于表面的效果，并不能改变本质。临渴掘井比临阵磨枪有过之而无不及，这完全是一种自掘坟墓的做法。《礼记·中庸》里有句话："凡事豫则立，不豫则废；言前定，则不跲；事前定，则不困；行前定，则不疚；道前定，则不穷。"做任何事，都要提前准备。难道听力考试开始了，还要出门买收音机、再去调频吗？因此，只有提前准备好，才不会遇到这样的尴尬。

　　超前研判与未雨绸缪是相辅相成的。超前研判，就是提前进行研究、判断。许多企业、组织都有自己的分析研判机制，建立这个机制的目的，就是提前找到问题，提前打好"防疫针"。健全了机制，还要建立一个研判数据库。大数据时代，一组数据就可以显示出未来的发展走势。借助数据，就可以做好充分准备。

　　作家罗曼·罗兰有句话："人们常觉得准备的阶段是在浪费时间，只有当真正的机会来临，而自己没有能力把握的时候，才能觉悟到自己平时没有准备才是浪费了时间。"因此，我们要养成超前研判、未雨绸缪的工作习惯。

敢为人先才能快人半步

　　老张是一名不折不扣的军人，退伍后，他先后在政府机关、公司做过多种工作，后来下海经商，成了一名企业老板。这个老张有句话："敢为人先，干则必成！"这句话是该企业的企业精神，也是该企业的管理精髓。

　　敢为人先是什么呢？老张的解释是："就像带兵作战，只有提前行动，挖好壕沟、布置好任务，一切准备到位，才能在战斗过程中占据主动。"敢为人先首先是勇敢，没有胆量、缩手缩脚，就没有捷足先登的勇气。正因如此，军人出身的老张，凭借自己的胆量和快人半步的执行力，赚得人生第一桶金。如今，他又将这种思想传递给下属，希望所有员工能继承他的"衣钵"，把企业做大做强。

　　老张手下有一个"兵"，外号"刘一刀"。此人做事雷厉风行、果断坚决，而且也有一种"敢冒天下之大不韪"的魄力。他出国考察时，发现一个前景不错的项目。回国之后，便马上进行论证、试验。当时这个项目在国内尚属空白，谁下手早谁有利。"刘一刀"向老张申请了资金，然后启动了项目。两年后，这个项目落成，第一年就盈利 3000 万元。

在老张和"刘一刀"的带领下，这家企业发展成为年盈利 1 亿元、销售收入 20 亿元的大型企业，而且还有"五年上市"的计划。

什么是"敢为人先"呢？我的解释是，能够有勇气走别人没有走过的路，能够大胆尝试别人不敢尝试的事。换句话说，敢为人先就是一种冒险精神。湖南大学的校训是"实事求是，敢为人先"。这句校训非常有名，影响了无数学子。这些学子走上工作岗位，必然也会带着这种精神去奋斗。"敢为人先"就是自强不息、不屈不挠、敢于实践、开拓前行、肩负责任、不畏风险的一种表现。

1. 敢为人先的目的是追求卓越

敢为人先，就是率先抢占先机与资源，提前"排队"。俗话说：做事要趁早！如果每次都是"赶晚集"，恐怕好东西早就被他人扫空了。早点行动，早一点占据有利局面，甚至一切资源都是新的，这也是追求卓越的前提保证。能够主动行动、快人半步的人，通常也是一些志向远大的人；那些得过且过、随波逐流的人，总是小心翼翼地跟在别人身后。但是，他们忘了，还有一句话是这么说的："走别人的老路，未必走得通。"

2. 敢为人先是一种责任

如今，我们处在一个激烈变革的时代。在这样的时代里，我们更要有一种"变化"的心态。说白了，稍作停留，就有可能落后。以手机为例：许多手机品牌因为魄力不够、研发投入不足，手机升级换代跟不上时代潮流，逐渐被人遗忘了。而苹果、三星、华为等品牌，始终保持强大的竞争力，原因在于其不停地研发、投入。一个人能够成为时代的"弄潮儿"，不仅需要一种勇气，更需要一种责任。举个例子：某饥荒之年，所有人都在饿肚子。为了不让全家人挨饿，有人便冒着危险，去大海深处捕鱼。冒着危险，常常也会有不错的收获。而这样的收获，恰恰可以让全家人果腹，并渡过难关。因此，有一位企业家说："如果不快人一步，又怎么能让全公司5000多人填饱肚子？"敢为人先是一种勇气，更是一种智慧，一种责任。

敢为人先是一种冒险，一种果断实践的方式。就像雨果那句鼓舞人心的话："所谓活着的人，就是不断挑战的人，不断攀登命运险峰的人。"

第十七章　非常任务，采取非常方法

俗话说，不要在一棵树上吊死。非常情况，我们银行工作人员不要固执己见，要多动动脑子，换一个思路去解决。固执是毒药，不是解药。就像德国谚语说的那样："世间没有什么比笃实的无知和诚心诚意的愚蠢更危险。"

非同一般的"应变能力"

有一个人，以卖画为生。最初几年，他的生意不错，赚了一笔钱。后来，金融危机爆发，他的画几乎卖不动。此时，他的妻子劝他："不要卖画了，转行做点别的。"

"我只会卖画！"这个人解释说，"别的行业我也不懂，而且也不会！坚持坚持，金融危机结束后，或许就好了。"

这个人并没有关掉画廊，每年还要向房东支付一笔不菲的房租。金融危机结束后，人们的喜好发生了变化，投资艺术品的人大大减少。也就是说，这个人的生意并未好转，甚至连续数月不开张。他的妻子再次劝他："咱们转行吧，如果再不转，家底就要吃光了。"被逼无奈之下，这个人下定决心，关掉了自己的画廊，低价处理了所有的画，用筹集来的 30 万元开了一家饭店。

这个人头脑不如他的妻子灵活，甚至连宣传都不会。在他妻子的帮助下，饭店渐渐有了起色。与之相比，这个人的一个同行，早年卖画赚下一笔钱，金融危机时他就关掉画廊，把所有的钱投资了黄金，如今身价千万元，并且拥有两个有规模的公司。

如今，社会变化非常快，抓住机会就能成功。一位银行副总，他曾经只是一名普通的柜员。后来他不断提升自己的技术能力，抓住一次银行革新机会，便走上了领导岗位。他始终认为："环境在变，人也要跟着变化；环境不变，人也要主动求变！"如果没有应变能力，就会被社会淘汰。从某种角度上看，随机应变是一种适者生存的方式，也是人类适应自然、改造自然的一种技能。俗话说，识时务者为俊杰。主动求变总比被动求变更加有意义。行军打仗，常用"三十六计"，这些计谋，就是一种变化，借助这种"变"打乱敌人的部署。文学家苏洵认为："天下之势有强弱，圣人审其势而应之以权。"意思是说，世界的发展有强弱之分，聪明人可以根据形势，随机应变。韩非子也有相同观点，他说过这么一句话："世异则事异，事异则备变。"如果一个人总是"以不变应万变"，虽然看上去淡定自如，实际上早晚会失去控制。我认为，应变能力不仅可以培养，而且还可以提高。我们完全可以通过以下三种方式锻炼自己的应变能力。

1. 敢于实践

实践是检验真理的试金石，通过实践，我们才能够真正了解事物的发展规律，从而调整自己的工作方法。有一些人总想做理论派，用理论指导自己的行为。当然，这种做法也不是不行，只是许多理论没有经过"验证"，就会存在一定的风险。还有一些人，担心出错，不敢轻易实践。实际上，实践经验的积累，恰恰可以减少并降低犯错概率，提高工作能力和应变能力。

2. 善于总结

成功源自总结和实践。如果没有总结，只有实践，如同缺乏指导，更像是瞎子过河。养成爱总结的习惯，如同学习新知识一般。我认识一个银行行长，他非常善于总结，即使是看书，也会做读书笔记。不管是学习，还是实践，他用"总结"证明了一件事：不会总结，也就没有应变能力。因此，这家银行在转型期依旧保持了良性运转，各项业务都有着不同程度的提高。

3. 活学活用

与活学活用相反的，就是我们常常说的那些"书呆子"。他们总给人一种"木呆呆"的感觉，说话、做事都死气沉沉、生搬硬套。俗话说，世上无难事，只怕有心人。做事用心，什么样的事采用什么样的方法，就是一种活学活用。除此之外，我们还要学以致用。有些知识和理论，如果长期不去实践，久而久之就会被遗忘。因此，我们要将学以致用和活学活用进行结合，只有这样，才能提高自己的应变能力和处理问题的能力。

古人云："明者因时而变，知者随事而制。"意思是说，聪明人根据局势的变化而变化。因此，我们要做这样的"聪明人"，才能适应岗位，为组织创造更大的利益。

不破不立的解决方式

有一个企业，经历转型失败，面临破产的尴尬境地。该企业的老总担心企业破产而受连累，竟然卷款跑路了。内忧外患、群龙无首，眼看这个公司即将关门，一个叫大老魏的副厂长担起了这副重担。

为了稳住公司人员，他变卖了一套住宅，给200多名工人发了一个月的工资。在他看来，这家公司要想起死回生，只能采取死马活医的方式了。因此，他进行了大刀阔斧的改革。先是对岗位、人员进行梳理、考察，砍掉一些部门、合并一些部门，分流了一些人员，提拔了几个干部。然后，对于没有利润又占用资源的生产项目，也进行了停产、整顿、拆除、变卖，通过这种方式，筹集600多万元。为了拓展渠道，大老魏还临时筹建了一个"销售敢死队"，进行各种促销活动，并承诺高额提成奖励。

这一套改革措施的实施，使得这家公司不但没有倒闭，半年之后开始获利。第二年，这家公司第一季度就盈利800万元，全年盈利2000万元。大老魏靠着一种不破不立的改革精神，让这家濒临破产的公司起死回生。后来，大老魏也顺理成章地成为该企业的老总，并且又进行了企业改制。

不破不立中的"破"，就是破旧，比如旧的体制、体系、思想、传统、落后的知识等；不破不立中的"立"，就是创立新的思想、新风格、新流派、新知识、新局面……就是打破一个旧世界，建立一个新世界。一个集体，最重要的是稳定，但是这个"稳定"很容易让一个组织陷入保守。组织者的性格，对组织发展影响深远。如果组织者是保守的，那么组织也会变成一个保守组织；如果组织者是个革新派，那么组织也会有生机。还有一些员工似乎对"不破不立"没有概念，他们认为："这是领导的问题，与我们无关！"真的无关吗？如果组织内的每一名员工都有这样的想法，这完全是灾难性的。据某杂志统计，93%的世界著名企业是靠创新发家的，几乎所有的成功者，都是有担当、有创新意识的人。因此，我们要拥有"不破不立"的思想意识，敢于清除旧的、落后的知识与思想，定期更新知识与思想。

不破不立的另外一层意思是破茧重生。许多的银行或企业，总有那么一批"老人"。所谓"老人",不是岁数老,而是心态老,做事小心。这一类人数量不少,甚至占有一半以上。某企业的一位领导,在公司工作了30余年,可谓与企业风雨同舟。在大好机遇面前,这位领导可谓"心静如水",没有转型、没有创新,甚至生产水平还停留在10年前。产品竞争力下降,利润连年下滑。后来,有其他领导提出建议,更换设备,竟然也被他一口否决,否决的理由更是令人啼笑皆非。他说:"增加投入,或许会带来更大的风险,我看现在这样就挺好!"这种保守的心态,让整个公司为其埋单,绝对是一种悲哀。不管是老调重弹,还是故技重施,都是一种倒退,不利于集体和个人的发展。破茧重生,就是摆脱束缚,给自己一个更为宽广的发展空间。

波兰作家莱蒙特有句话:"旧秩序总是必然要让位于新秩序。"前埃及总统穆罕默德·安瓦尔·萨达特也有这种看法,他说:"谁若不能首先改变自己的思想,谁就不能在现实世界中进行任何改革,也就不能实现任何前进。"因此,我们不仅敢于"破",而且还要"破而后立",只有这样才能有新契机。

特殊事情特殊对待

有些人做事非常死板,不懂得变通。虽说"一板一眼"是好事,但是在特殊情况下,这种做法就很吃亏了。英国首相丘吉尔曾经这样讽刺"死板"的家伙:"一个执迷不悟的人是一个抓着枪杆而不管枪弹是否上膛的人。"俗话说,不见棺材不掉泪,也泛指这类"一条道走到黑"的人。因此,我们做事,不但要多动脑筋,而且要活学活用,借助"辩证法"去解决问题。特殊事情特殊对待,是一种变通、一种智慧的展现。

有一个产品经理,叫王鹏。有一次,王鹏遇到这样一件事。一个客户因为产品质量问题,要求退货。但是该产品已经拆封、使用,且使用期超出 7 天，属于不退货范围。一名工作人员根据公司规定，拒绝了这位客户的要求。这位客户非常生气，与工作人员发生激烈的争吵。

为了解决这个问题，产品经理王鹏亲自出面。他先是向客户道歉，说了许多好话。然后邀请客户坐下，并详细询问前因后果。客户说："使用了 10 天就出毛病了，而且我没有磕碰，为什么就不能退？"

王鹏解释："这件事是公司规定的，并不是一名工作人员能够左右的。而且他的权限确实有限。这样吧，我帮你处理一下。"

沟通完毕，王鹏便打电话给公司总部，直接与企业副总进行沟通。企业副总建议做检测，然后再进行处理。但是王鹏考虑企业形象的问题，再次与副总交换了意见。这位副总同意了王鹏的特殊请求，但需要王鹏出一个特殊报告。于是，王鹏写了一个材料，传真给总部，总部进行盖章后，王鹏直接给客户换了一个新产品。

此时，客户不再生气，竟然表扬王鹏："如果你们公司多几个你这样的能够为客户着想的员工，产品会卖得更好！"

如今，许多企业、组织都有针对特殊事件制定的"应急预案"，这样的预案，恐怕还不止一个。我记得浙江某银行，前几年因为台风、暴雨袭击，而被洪水围困。该银行就启动了应急预案，行长亲自率队行动，从而为银行挽回了巨大损失，也为其他银行树立了榜样。除了企业、组织之外，个人也要具有这样的意识。举个例子：医生看病，不能完全按照书本上的治疗方案，而是要"辩证"治疗；老师一对一辅导，对不同的孩子也有不同的方法，"因材施教"就是这个道理。某酒店老板心非常细，在上菜之前，都会询问顾客的口味，然后根据顾客的不同口味进行调整。有的顾客喜欢清淡一点，他会嘱咐厨师少放盐；有的顾客喜欢辣一点，他就会让厨师适当放辣椒……这种做法，能够精心照顾到所有顾客的口味。顾客评价越高，这家酒店的生意也就越好。

    实事求是也是一种变通的、特殊事情特殊对待的方法。不同的事情，坚持不同的办事思路，这样不仅有针对性，而且更容易解决问题。著名作家马克斯韦尔·莫尔兹说过一句话："固执的反面也是机遇。如果我们不固执，那么就消除情感的伤疤，每天做好创造的准备，自我服从生活规则，然后与他人一起遵守规则，机遇也就随之而来。"哲学家培根又在这个基础上有了更深层、更直接的表达："太过重视行为规则与拘泥形式，以致在事业上坐失良机，那损失是很大的。"就像下雨打伞、下冰雹躲避、刮风收伞那样，针对不同的情况，我们都要及时做出反应，然后再用科学的方法去对待、处理。只有这样，我们才能收获更多经验，让自己的人生更加丰富多彩。

PART4

第四部分

开门红就要团结奋斗

第十八章　"大船"精神，同舟共济

集体就像一艘大船，只有让大船上的所有人齐心协力，以同样的频率朝着一个方向划桨，才能让大船快速行动起来。这种"大船精神"，就是一种团结一心的精神，银行员工一定要具备。

新时代的"大船"精神

某公司在非洲有一个基建项目，于是派一组成员去非洲工作，王森就是这个外派小组的组长。初到非洲，天气异常炎热，加上水土不服等原因，小组成员都患上了腹泻。有个年轻人还因失眠等问题，精神状态非常不好，他总是央求王森："王经理，你给公司打个报告，让我回国吧！这里，我实在是适应不了！"王森为此打了两次报告，但是因为特殊原因，都没有批准。于是，王森只能劝他："胜利就在前方，再坚持几个月就好了。"在王森的帮助和支持下，这个年轻人渐渐走出了困境。

非洲的生活条件异常艰苦，而且语言交流也存在一定的障碍。为了解决这个问题，王森利用业余时间，努力学习当地语言。几个月的时间，他就可以用一些简单的语言与当地人进行交流。隔阂与障碍消除了，工作也就好干了。在这个小组中，王森既是一名"船长"，又是一名"教练"、一个贴心的"朋友",还是他们的"人生导师"。只要王淼发出命令,其他人都会无条件地坚决执行。正因如此,非洲项目进展顺利,提前三个月就完成了任务。

后来,这个小组又去了中东和巴西等地,不管他们去哪里,只要是王淼带队,就能取得好成绩。王淼常说一句话:"只要众人齐心划大船,我们就能把航母划进太平洋。"

如今,人们常常提"大国精神",所谓"大国精神"就是一种"文化自信"。事实上,如果一个人没有自信,就很难做好一件事。"大国精神"之下,需要有"大国工匠"。这些"工匠"高度自信,责任感强,有高超而精湛的技艺,能够承担起一个国家、一个组织交代给他的使命。因此,所有企业、组织,都需要有大国工匠气质的人,这一类人是船长,也是舵手;是划桨人,也是击鼓者。一个企业、组织的发展,离不开这样的人,"众人拾柴火焰高"就是这个道理。

但是现实中,有一些人游离在集体之外,甚至讨厌集体生活。他们认为,集体是集体,个人是个人。所谓的"公私分明",就是公事是公事,私事是私事。还有人在集体生活中,工作的所有目的是为了个人。如果个人利益在集体中得不到满足,这种人便会成为集体中的不安定因素。有一个银行部门经理,业务能力比较强,但是私心很重。因为在对公业务里,他总能掺杂一些个人"业务"在里面,从而赚两份钱,一份钱是公司的工资,另一份钱是借助权力赚取的灰色收入。有一年,银行纪律检查,有人举报这位经理捞银行的油水。所以,纪检部门对这个经理进行调查。这个经理得知此事之后,便将自己的个人业务关系全部"卖"给了其他银行。他被调查,确实存在严重的违纪问题,因此被银行停岗留职。但是这个经理主动辞职,跳槽去了另外一家银行做副总,而且还带走了不少银行资源,给原银行造成了重大经济损失。这类"挖墙脚"事件并不少见,他们的行为犹如大船上的"炸弹",是不安定因素。

对于一个企业、组织而言，管理者要加强思想教育，大力发展企业文化，让文化深入到每一名成员的灵魂之中，从内而外形成一种"大船思维"和"大船文化"。我记得有位企业家说过一句话："一个企业，就是一艘大船。船能否驶向深海，是由船上所有的船员所决定的。如果有一个人存在'二心'，偷懒或者退缩，就会影响大船的前进速度。"

因此，我们要有这种大局意识、全盘思维，把自己看作船上的一个重要角色。就像高尔基说的那句话："一个人如果单靠自己，如果置身于集体的关系之外，置身于任何团结民众的伟大思想的范围之外，就会变成怠惰的、保守的、与生活发展相敌对的人。"

1 + 1 > 2

"1 + 1 > 2"，从数学计算角度上讲，是错误的。1 + 1 只能等于 2。但是在团队中，如果两个人配合默契、取长补短，则有可能发挥出超过 2 的合力。我们可以用"蚂蚁效应"来形容"1 + 1 > 2"。什么是"蚂蚁效应"呢？蚂蚁是一种非常弱小的动物，但是这种动物为了自己的家园，可以付出巨大的代价，用自己的耐力，一粒一粒将沙子搬进洞穴，建造出自己的"宫殿"。据了解，一个巨大的蚂蚁宫殿，可以容纳数亿只蚂蚁，而蚂蚁宫殿建造精美，如同一个"繁华城市"！既然小小蚂蚁都能有如此巨大的能量，人借助智慧和技能，也能收获"合力"。"蚂蚁效应"就是将无数个"微不足道"的力量集合起来，形成一个坚强有力的拳头。

拔河比赛大家都参加过，拔河就是一个团体项目。如果参与比赛的人，力往一处使，心往一起想，每个人都使出 100% 的力量，就能取胜。如果这些人中，有一个人留力或者心态发生了变化，整个团队就会前功尽弃。就像哲学家艾思奇说的那句话："一个人像一块砖砌在大礼堂的墙里，是谁也动不得的；但是丢在路上，挡人走路是要被人一脚踢开的。"

有一个造船厂，接到一个巨额订单。造船厂的老板非常高兴，但是高兴之余又有些许担忧。他说："客户订制的这艘货船，造船时间为9个月，通常来讲，造这样一艘船要一年左右的时间。"但是合同已签，只能硬着头皮啃下这个硬骨头。

令人欣慰的是，这家造船厂拥有一批出色的工人。他们不仅能够吃苦，还有非常强大的抗压能力，而且配合默契，有很强的团队意识。举个例子：一个焊接工作，能够24小时不间歇运转。工作几个月，竟然没有一个岗位因工人休息而停止工作。正因如此，这家造船厂耗时8个月零14天，便完成了客户订单，创造了业内奇迹。

《易经》中有一句名言："二人同心，其利断金。"而在《吕氏春秋》中，也有这么一句话："万人操弓，共射一招，招无不中。"事实上，团队的力量永远大于一个人的力量。简言之，人心齐，泰山移！如果人心不齐，力量不一，就会失去移动"巨石"的力量。我认为，"1+1＞2"主要有三个方面的体现。

1. 有相同的目标

一个团队缺乏凝聚力的最突出表现是，没有相同的目标。比如一辆汽车上有三个人，第一个人打算去西藏，第二个人打算去新疆，第三个人打算去内蒙古。三个不同方向的目的地，会令这个汽车司机相当为难，甚至无法规划出一条合适的路线。结果可想而知，三个人只能"分道扬镳"，各走各的路，各打各的车。如果这三个人都有相同的目的地，汽车司机的任务就简单多了，很快就能到达目的地。一个团队，如果所有成员有共同的目标，就能够不约而同地形成一种意识，这种意识就是一种"集体意识"。

2. 能够相互协作

一个团队中的成员，不是各自为战，而是每个人在自己的位置上，相互配合、相互协作。就像一个自行车链条和前后车轮，拉动链条，才能带动车轮，前后车轮保持同样的速度，才能开动起来。当然，一个团队中，每一个成员的能力、学历都存在差异，如果大家相互帮助、扶持，有一种奉献和牺牲精神，就能弥补这种差距，取长补短，发挥出最大合力。

3. 能够实现自我

我听到过这样一个声音："除非你是超人，否则你很难凭借自己的力量实现自我！"孤胆英雄时代已经一去不复返，当下社会，本就是一个多人参与、共同建设、共同实现价值目标的社会。因此，我们想要获得成功，必须成为一个团队中不可或缺的关键分子。另外，团队中的每一名成员，都有可能成为你某一个方面的"老师"，集体生活恰恰提供了一个学习、借鉴、总结的好机会，通过这种方式，可以大大提高自己的综合素质。

歌词中写道："团结就是力量，这力量是铁，这力量是钢，比铁还硬，比钢还强。"有了这种团队意识，"1 + 1 > 2"就不是梦想。

有认同感，才有"大船思维"

有一个企业老板，总是感慨企业留不住人才。为了想办法挽留人才，他甚至采用"霸王条款"的形式，对人才进行强行挽留。即使如此，还是有许多人跳槽去了其他公司。有一个员工说出了自己的心里话："在这家企业工作，我没有一点幸福感！""幸福感"是个什么东西呢？幸福感是人们对"幸福"的一种满足程度。举个例子，如果一个人生活在没有温暖、没有关爱的家庭中，一定是没有幸福感的。而这个企业在管理上缺乏人性，只是借助机械性的制度条款，强行约束员工的工作行为，久而久之就会出问题。后来，这家企业老板找到某企业咨询公司进行咨询，经过咨询，他才发现管理上的两个问题。第一个问题是缺乏企业文化建设。这家企业，也有自己的企业文化，只是这种文化更像是一种口号，如果继续深挖，就是一片空白，毫无根基，甚至经不住推敲。这样的企业文化，根本起不到"防风固土"的作用；第二个问题是这家企业在管理方面，缺乏人文主义关怀。我听到过这样一种言论："一个企业，除了老板，其他人都是打工的！"如果一个企业家只是把员工当成一个简单的"机器零件"，问题也会越来越严重。员工不是机器，而是有理想、有追求的思想个体。

管理大师彼得·德鲁克认为："管理就是界定企业的使命，并激励和组织人力资源去实现这个使命。界定使命是企业家的任务，而激励与组织人力资源是领导力的范畴，二者的结合就是管理。"一个银行管理者应该做到以下四点。

1. 把员工当作"家人"，而不是有合同期限的"雇员"

把员工当作"家人"是认知和意识层面上的转变，更是一种对员工的尊重与认同。员工得到尊重，自然会给予回馈。如果你不尊重他，难道他能尊重你吗？只有尊重员工，员工才能把企业当作"家"，才会有归属感和认同感。

2. 要懂得激励，采用精神和物质双向鼓励法则

有些管理者很"抠门"，原本应该落实的奖金，总是拖延兑现不了。这样做不仅令员工感到失望，甚至会使他们质疑管理者的人品。因此，管理者一定要将激励落到实处，不能让员工抓住把柄、落下口实。

3. 关怀团队成员

有时候，管理者就是一个大家长，要对家庭内的所有成员有所付出和关怀。事实上，成功的领导都是平易近人、对下属关心备至的。一个冷血

领导是不会拥有人气和号召力的。那些常常下基层甚至能够与基层员工同甘共苦的领导，才值得员工付出。

4. 建立、健全企业文化

俗话说，文化决定人的价值取向。没有文化，如同沙漠；缺少文化，如同缺少雨水，"生命力"也会渐渐消失。企业文化是企业发展的灵魂和根基。有了文化，才能形成一种文化氛围。员工需要在这种文化氛围下渐渐形成一种意识，这种意识与企业发展息息相关，甚至他们还会把自己的理想、人生目标与企业命运捆绑在一起，形成一种类似"夫妻"式的特殊关系，而这种"关系"有积极意义。

认同感不是一天两天能培养成的，需要管理者与企业长久地经营、提炼。只有把员工当成企业的"船帆"，员工才能把企业当成"航母"。有了认同感，才能形成"大船思维"。杰克·韦尔奇说过："一个首席执行官的任务，就是一只手抓一把种子，另一只手拿一杯水和化肥，让这些种子生根发芽，茁壮成长——让你周围的人不断地成长、发展，不断地创新，而不是控制你身边的人。你要选择那些精力旺盛、能够用激情感染别人并且具有决断和执行能力的人才。把公司的创始人当成一个皇帝，从长远来说，这个公司是绝对不会成功的，因为它没有可持续性。"

第十九章 和谐关系从沟通开始

一个银行，只有保持团结、和谐，才能有强大的凝聚力和生命力。在此前提下，"沟通"才是化敌为友、携手共进的最好武器。

沟通在团队中的意义

人是一种社会属性的动物，身在社会，就需要交流和沟通。交流是人类文明的体现，更是有别于其他动物的一种社交方式。孩子与孩子之间是童言无忌的交流，成年人与成年人之间，往往是带有一定目的性的交流。身在职场，我们更需要交流和沟通。举个例子：领导布置任务常常通过一种"沟通"的方式进行；员工在执行过程中，同样需要"交流"来交接任务、完成任务。人们通过沟通，可以实现感情上的交流、意见上的互换、经验上的学习、知识上的分享以及认知上的统一。就像作家马克·吐温说过的一句话："恰当地用字极具威力，每当我们用对了字眼……我们的精神和肉体都会有很大的转变，就在电光石火之间。"

有一个企业老板，因为天天坐在办公室里处理高层事务，几乎不了解下面的一切事情。有一次，他听到生产车间对公司工作环境方面的意见很大，要求改善车间工作环境。为了了解真相，这个老板便打电话问生产部主任。结果，生产部主任却说："只是个别人有点小意见而已，无关紧要！"这个老板就信以为真，并没有把这件事放在心里。

几天之后，酷热的天气让车间操作环境更加糟糕。以班长为首的一批人，竟然借此闹起了罢工。事情闹大了，生产部主任也掩盖不住事实。企业老板听到之后非常生气，他严厉地批评生产部主任："为什么不早点处理？"此时这个老板才意识到，如果不了解真相，上下级沟通不畅，便会出现严重的问题。于是他斥资300万元，改善了车间工作环境，并在生产、经营、后勤等多个位置安装了老板信箱。

后来，这个老板多次去开信箱，发现信箱里一封信也没有。他想：一定是员工担心被人看到，而不敢写信沟通。于是，他向全体员工公布了个人工作微信号，并要求员工加他的微信，通过微信的方式，与他进行沟通！没想到，这个方法非常奏效。许多隐藏在角落里的小问题，都被翻上了台面，并一一得到了解决。这位老板说："员工的事，无小事；集体的事，更无小事！"凭借这种办事思路，这家企业更加团结，效益有了明显提升。

沟通是解决问题的最好方式。通用电器前CEO杰克·韦尔奇认为："管理就是沟通、沟通、再沟通。"如果没有行之有效的沟通，恐怕就难以打开员工的心结，化解团队中的矛盾和隔阂。"经营之神"松下幸之助也有这样的看法，他说："企业管理过去是沟通，现在是沟通，未来还是沟通。"沟通在团队建设中至少有以下两种作用。

1. 完成部署

举个例子：某银行推广一个新产品，并对新产品进行业务量的布置。首先，行长开会，通过会议的形式，传达上级意见，并让产品经理向银行所有人员进行该产品的介绍和讲解。会议结束后，行长与产品经理、销售经理进行意见交换，并拟订出销售方案和任务指标，再经过层层沟通、部署，将所有有关新产品的工作进行了布置和传达。从这个例子中，我们发现，许多企业、组织在部署任务过程中，完全借助口口相传的方式进行沟通。这种口口相传的方式，远远好过白纸黑字式的命令文书。通过交流，不仅可以将工作任务的具体目标、意见等充分落实，还可以在某些细节上进行具体的协商。

2. 达成一致

我听到许多人发此牢骚："这样的任务，简直是荒唐！"对任务指标不认可，无法在意见上达成共识，就会造成上下脱节的情况。所谓"上有政策、下有对策"，就是一种畸形的执行现象。沟通有一个巨大的好处，它总能将双方拉回到"谈判桌"前，并且用一种商讨的、公平的语气进行磋商，让所有人共同参与计划的制订。通过这种方式，上下级可以达成一致，从而统一思想、共同发力，将任务执行到位。

人离不开沟通，团队也离不开沟通，沟通不仅是一种艺术，还是一种心灵的展示。列夫·托尔斯泰认为："与人交谈一次，往往比多年闭门劳作更能启发心智。思想必定是在与人交往中产生，而在孤独中进行加工和表达。"

八大沟通技巧

沟通，相当于在两个人的心灵上搭建一座桥梁。既然是一座桥梁，在搭建过程中，一定是需要技巧的。就像一句亲切的问候，可以迅速拉近人与人之间的距离。沟通还是一种手段，一种谋略。通过沟通，双方可以达成一致，满足各自的需求。沟通还是一个交流方式，通过交流，彼此分享所得、互换经验。换句话说，沟通包含着人类的智慧，是一种高级的社会活动方式。沃尔玛集团创始人山姆·沃尔顿说过一句话："如果你必须将沃尔玛管理体制浓缩成一种思想，那可能就是沟通。因为它是我们成功的关键之一。"想要做好沟通工作，我们还需要掌握八大沟通技巧。

1. 尊重

尊重是沟通的前提，如果没有彼此间的尊重，沟通将会演变成一场闹剧或者争执。尤其是上下级之间的沟通，领导要把员工当作朋友和合作伙伴，而不应该把他们当作打工者或者雇员。同级之间的沟通，更应该彼此尊重、互敬互爱。只有这样，沟通工作才能进行。

2. 倾听

有人说："做一名听众，要好过做一名说客。"有一些沟通工作，是从倾听开始的。举个例子：员工、同事有一些意见或看法，需要表达出来才能消解内心的情绪。因此，我们要给他说话的时间和空间，通过耳朵和大脑，了解对方的想法，从而给予精准支持。

3. 亲切

沟通过程中，要有一种亲切感。如果你以一种冷冰冰、居高临下的姿态去讲话，就难以引发共鸣。热情一点、亲切一点，尽量避免口头禅，甚至说话的语速也要舒缓有度，语速不宜过快或者过慢。如果需要用普通话表述，尽量避免使用方言。沟通过程中，声音要洪亮一些，不要细声慢语，要大大方方。

4. 赞美

适当地赞美，可以给对方以愉悦感和成就感，从而让沟通气氛更加融洽。尤其是在与客户的交流中，对客户进行赞美，还可以刺激客户的购买需求和欲望。客户高兴了，自然就会掏腰包。同事与同事之间的沟通，适当的赞美并不是一种恭维，而是一种尊重与欣赏。事实上，没有一个人喜欢听难听的、具有讽刺意味的话。

5. 换位

有些人与人沟通，只在乎发表个人的意见和看法，甚至是滔滔不绝，说起来没完没了。个别领导与下属沟通，并不是协商解决问题，而是一种完全没有商量口吻的传达。这样的沟通，只能是个人表演。沟通交流，要学会换位思考，能够站在对方的角度进行交流，才能达成共识。

6. 认同

认同是一种信任，如果你无法认同对方，就失去了沟通的意义。虽然在沟通交流前，双方都有各自的立场，甚至为了这个立场，会针锋相对地进行一番"较量"。但是我发现，成功的沟通是建立在不否定对方立场和观点的情况下的。双方只有找到契合点，彼此认同了对方，才能建立合作基础。

7. 幽默

幽默不是开玩笑，而是一种沟通"调节器"。紧张之余，可以通过一个笑话、一句俏皮话进行解压。如果沟通存在障碍，幽默的语言还可以让沟通暂停，避免发生不必要的冲突。另外，幽默可以化解尴尬，还可以为自己增添魅力。

8. 拒绝

事实上，拒绝也是一种沟通方式。当对方提出无理要求时，就需要用一种拒绝的方式回应对方，从而坚持自己的立场。尤其在自己的工作岗位上，坚持立场与尊重对方同等重要。但是需要注意的是，我们拒绝的口吻要和气一点，不要用强硬的语言，更不要让拒绝伤害到对方。

沟通不仅是一种技巧，还是一门语言艺术。或许沟通不止这八大技巧，只要有利于沟通的方法，我们都可以大胆地去总结、尝试。

沟通是一种化解"矛盾"的智慧

有一支足球队，他们曾经取得过辉煌的成绩。后来因为一些内部管理问题，球员与教练产生了激烈的矛盾，比赛成绩一落千丈。后来这支足球队的主席亲自出面，约谈其中一些球员。

主席问球员："你希望俱乐部做出怎样的改变呢？"

这名球员说："主教练在搞派系斗争，如果你能够炒掉他，我们就能安心踢球！"

这名球员带着极大的怨气，他坚持自己的看法，希望主席能够实现他的愿望。但是炒掉一位教练并不是一件非常简单的事情，这需要付出高昂的代价。后来，球队主席约谈主教练，希望听听主教练的看法。

主席问主教练："你希望俱乐部做出怎样的改变呢？"

主教练同样非常生气，他说："个别球员拉帮结派，不服从球队的日常安排，甚至在训练课上偷懒。如此一来，成绩必然下降！我希望您站在集体的角度，换掉这几名球员，重新引进新球员。"

球员嚷着要俱乐部炒掉教练，而教练则嚷着换球员。由此看来，两者之间存在着不可调和的矛盾。但是在这位主席眼里，问题似乎并没有这么严重。某一堂训练课过后，主席"做媒"，邀请主教练和球员共同参加了一个公益活动。在活动中，他邀请双方坐下来，彼此冷静、坦诚地交换了意见。引发这个矛盾的问题其实非常简单。主教练希望通过强化训练等方式提高球员的运动能力和赛场上的执行能力；而球员在密集的赛事中，体能透支到极限，无法达到主教练的要求，而逐渐对教练产生厌恶。通过球队主席的安抚与调节，主教练与球员进行了一次深入沟通，彼此交换了意见，并达成了一致。

矛盾终于化解了，球队的成绩也开始逐步提升。为了嘉奖球队，主席拿出诚意，以奖金的形式对队员和教练进行了奖励。

法国有一句谚语："真理是从各种意见的冲突中产生的。"一个集体完全没有矛盾和隔阂，是绝对不可能的事情。每个人都有自己的性格和主见。人们在对事物的认知方面，也会存在较大的差异。我记得某企业家说过一句话："一个组织，需要求同存异，才能发展壮大。"人是有思想的动物，如果抑制他的思想，而勒令他去做违背个性的工作，常常会适得其反。棍棒底下出不了孝子，反而常常因家庭暴力而破坏了亲情。唯有通过和平沟通的方式，人们才能用理智、正确的方式去处理危机。我认为，沟通是一种合作，而不是一种对抗或者迎合。

法国前总统希拉克认为："一个国家就像'一个家庭'，团结最为珍贵。人们即使有不一样的观点和看法，应在对话与和谐中寻求基本一致，这样国家才能前进。"对于一个国家，尚且如此；对于一个集体，更是这样。通过沟通寻找合作的可能性，本就是寻求平衡、达成共赢的一种方式。在矛盾面前，我们要主动放下矛盾、隔阂和偏见，开诚布公地坐下来，用一种开放包容的态度，澄清彼此的观点和想法，共同协商解决问题的办法。在沟通合作方面，我们还要谨慎对待三件事。第一件事，针对核心矛盾，把个人的利益暂时搁置在一边。如果各自强调各自的利益，矛盾依旧无法解决。第二件事，互换意见，能够彼此站在对方角度上思考问题。第三件事，要坚持发展的眼光看问题，不要局限在一个点、一个问题或者一个事件上。事实上，没有永恒的仇恨，只有永恒的利益。能够化干戈为玉帛，才是处理矛盾之道。

　　沟通是一种方法、一种解决问题的方式。俗话说，孤雁难飞、孤掌难鸣，人生路上需要陪伴与支持。

第二十章 合作才能共赢

狼是一种既令人害怕又让人佩服的动物。狼群，我们可以将其看作是森林法则的制定者。事实上，这种狼群智慧是一种团队合作的智慧。如果只是一只孤狼，恐怕早就被淘汰了。因此，银行工作人员要懂得只有合作才能共赢。

"群狼"大于"孤胆英雄"

一只狼打不过一只老虎，如果是一群狼，老虎再威猛，恐怕也难以招架。因此在森林中，狼群与老虎分别掌管着自己的地盘，井水不犯河水。世界上没有超人，只有普通人。一个人如同一只老虎，即便拥有天大的本领，也无法与一个组织、一个集体抗衡。举个例子：大力士力气再大，在拔河比赛中，恐怕也难敌数人组成的团队。如今，"狼群文化"逐渐流行开来，并成为团队聚力的代名词。

那么何为"狼群效应"呢？简单举个例子：组织管理者相当于"狼王"，其他成员相当于"狼"。当"狼王"发号施令后，所有的"狼"都会各就各位，各司其职，准备向"猎物"发起进攻。在进攻过程中，所有的"狼"都会互相协调、补台，且完全付出。如果出现"逃兵"，恐怕也会被"狼群"所遗弃。事实上，被遗弃的"孤狼"是难以继续生存的，结局往往很悲惨。"狼群"是一个集体，发挥的是集体的力量，这种力量既可以分散又可以集中。集中一点，可以击碎"铜墙铁壁"；分散多点，可以破解"迷雾阵法"。因此，人们把狼看作一种有智慧的动物，甚至许多企业、组织都在研究和模仿狼群。

　　古代有一个国家，这个国家非常小，小到可以用袖珍来形容。这个袖珍小国被一个军事十分强大的国家所包围着，稍不留神就有可能被这个大国所吞并。为了防止亡国悲剧，只能靠铸造铜墙铁壁、深挖护城河，建立防御系统，才能缓解这种亡国危机。

　　这个袖珍小国的人民非常团结，国王一声令下，几乎全员参与了防御设施的建造。在修建城墙的过程中，甚至是祖孙三代齐上阵。巨大的防御系统需要无数吨砂石，为了克服资源上的短缺，他们将挖护城河的泥沙，用于城墙的建造。如此一来，护城河越挖越深、越挖越宽，城墙也越建越高，越筑越厚。五年之后，一个防御能力极强的系统就建造完毕了！有了这套防御系统，强大的国家曾经向其发起多次侵略战，都无功而返。袖珍小国就这样凭借一种顽强的集体主义精神，生存了下来。

小说《狼图腾》中有这么一句话："人的军队在冲锋的时候，会齐声狂呼冲啊杀啊；狗群在冲锋的时候，也会狂吠乱叫，以壮声威，以吓敌胆，但这是胆虚或不自信的表现。而狼群冲锋却悄然无声，没有一声呐喊，没有一声狼嗥，可是在天地之间，人与动物眼里、心里却都充满了世上最原始、最残忍、最负盛名的恐怖：狼来了！"我们知道，一只狼是胆怯的，甚至不敢独自出没于羊圈；一群狼则是勇猛的，甚至可以跟人类周旋几千年。"狼群"有三个方面值得我们学习。

1. 嗅觉敏锐

这种敏锐的嗅觉不是天生的，而是一种危机之下，为了应对大自然而养成的习惯。或许有人说："这是领导的事，同我们无关！"事实上，如果集体中的成员无法领悟，或者在思想上无法达到领导者的高度，在执行过程中就会遇到阻碍。有了这种敏锐的嗅觉，不仅可以让自己的行动变得更加主动，而且思想上也更容易与管理者达成一致。

2. 奋不顾身

奋不顾身是一种忘我的奉献精神，这种精神也是最宝贵的职业精神。假如这个人是一个为了工作、为了集体，可以付出一切、贡献一切的人，他一定会成为集体中的标杆、他人学习的楷模。如果人人都具有这种奉献精神，这支队伍就会强大得可怕。

3. 集体意识

狼是一种群体动物，不会离开群体以个体形式存在。与狼相似的是，人类也是一种具有社会性的群居动物。既然离不开集体、团队，那么就应该具备一种集体意识。这种意识只有在团队中才能灵验。集体意识也是团队凝心聚力的核心所在。没有集体意识，团队将如同一盘散沙。

俗话说，好虎架不住群狼。作为团队中的一只"狼"，只有抱紧团队，与团队中的其他成员保持良好的关系，才能让自己彻底融入团队，成为团队中不可或缺的成员。

培养"集体主义精神"

法国作家拉·封丹认为："若不团结，任何力量都是渺小的。"或许有人并不赞同这个观点，认为世界上存在一种"超人"，这种"超人"可以凭一己之力改变世界。我没有否定天才的存在，只是这样的天才百年不遇。对于绝大多数人而言，还需要借助团队的力量实现自己的梦想。因此，我们需要培养一种团队意识，在团队中体现自己的价值。

有一个企业管理团队，这个团队只有9个人。团队带头人曾经在多家世界知名企业做过高管，有着丰富的管理经验。另外8个人，有的在沟通方面有专长，有的特别擅长做数据，有的精通外语，有的擅长公关，还有一个年轻人善于开拓市场。如果将9个人的特长加在一起，就相当于一个拥有三头六臂的超人。这个企业管理团队接手了一家濒临破产的化工公司，计划用一年时间让该公司起死回生、扭亏为盈。为此，团队带头人让另外8个人分别掌管不同的部门，借助他们的特长，让这些部门慢慢运转起来。

接手后的第一个月，团队带头人通过制定绩效管理方法，将个人任务与企业目标相结合，企业赚到钱，就会拿出相应的比例作为分红。这一举措大大激发了员工的工作积极性，他们一改往日的精神面貌，积极行动起来。接手后的第三个月，该团队又制定出承包制规划，每一个部门为一个单独的集体，自负盈亏。这个方法让一些部门产生了危机感，更加积极起来。通过一些措施和手段，这个化工公司半年之后便有了起色，第九个月便扭亏为盈，公司终于生存了下来，该管理团队用集体智慧创造了管理奇迹。这个管理团队的带头人说过这样一句话："一个团队就像一个家，所有的家庭成员都应该为了这个家而团结一心、努力奋斗！"

就像狼群里面的每一只狼，都需要为这支队伍有所贡献，才能在严酷的自然条件下生存下来。我记得有位哲人说过这样一句话："人是森林中的一棵树，团队就是整个森林。森林没有了，树则暴露在危险之中；森林更加茂盛，树则更加高枕无忧。"由此可见，组织好，个人才能更好。那么如何才能培养集体精神呢？可以从三方面做起。

1. 学会接纳与包容

团队中的每一个人都应是无私的。这种无私，体现在一个人的包容力和接纳程度上。如果一个人没有容人之量，不喜欢与自己的同伴打交道，恐怕就难以与伙伴形成默契和合力。因此，这需要我们放低姿态，放下包袱，不仅能够主动帮助自己的伙伴，还要乐于接受伙伴的帮助，做一个尊重他人、受他人欢迎的人。

2. 敢于承担责任

如今有一个不好的社会现象，有些人犯了错误，就会找各种各样的理由，推卸自己的责任。那么这些责任都推卸到哪里去了呢？要么推卸到领导身上，要么推卸给自己的伙伴。一个团队，需要每一名成员都能肩负起自己的责任，就像一个狼群，每一只狼在战斗过程中都会竭尽全力、战斗到底。如果我们能够勇挑重担，就能像这些勇敢的"狼"，为团队重新注入战斗力。

3. 有强烈的组织目标

能够把组织目标摆在高于人生价值的位置之上，绝对是境界上的提升。周恩来自幼立志："为中华之崛起而读书。"每个人都要有这样崇高的、具有公共价值的人生目标。如果一个人的奋斗方向与团队发展轨迹相吻合，就会产生一种强大的团队带动力；如果一个人的奋斗方向与团队发展轨迹相悖，就会产生一种阻力，阻碍团队的发展。

列夫·托尔斯泰认为："一切使人团结的是善与美，一切使人分裂的是恶与丑。"如果我们有了团队意识，就会像空中列阵飞行的大雁，展示出一种团结之美、智慧之美。

团队的个人激励作用

　　有一支足球队，成绩一直不温不火。球迷说："这支球队的成绩时好时坏，好的时候能够赢下冠军球队，不好的时候连鱼腩球队都会输！"这个球队的一名球员解释："足球是圆的，存在各种可能性！"对于这样的解释，许多球迷不以为然，他们觉得，这完全是球员为荒唐的输球找的借口而已。

　　后来，这支球队被一位富翁买断。富翁是个财大气粗的人，不但调整了球队阵容，而且还设置了巨额赢球奖金。赢一场，就奖励数 10 万美元；如果连续赢下三场，奖金将高达 100 万美元。这样的奖励，大大刺激了球员。上了赛场，这些球员如同打了鸡血的士兵，一个个凶猛无比。他们竟然创造了九连胜的奇迹，一跃成为联赛第一。

　　球队老板不仅在物质上奖励他们，也非常重视精神方面的嘉奖。凡是球队的功勋成员，退役之后便可以留在俱乐部或者公司内任职。其中一名功勋队长退役后，便留在球队负责技术分析工作，薪水待遇也不错。正因如此，这支球队不仅战斗力大大提升，而且空前团结。他们在主教练的带领下，连续三年拿下该国联赛的冠军，成为一支传奇球队。

俗话说，重赏之下，必有勇夫。职场人不停地工作，其目的也是养家糊口，实现物质方面的追求。如果一个集体空喊"革命事业"，不讲工资待遇，恐怕没有人愿意为之出力。有一位企业家讲过一句话："精神层面解决不了的问题，就需要物质刺激；物质层面解决不了的问题，就需要精神刺激。企业管理，就是'物质＋精神'的管理。"因此，要想让一支队伍更加团结，更具有执行能力，就需要给予一定的鼓励。

1. 物质激励

俗话说，有钱能使鬼推磨。这句话虽然不好听，但是却有直接作用。金钱虽然不是万能的，但是大多数人工作的目的是为了养家糊口。如果一个管理者，能够在金钱方面满足员工，就能充分调动一个团队的积极性。物质刺激还包括职位等方面，比如提供优越的晋升平台，引导员工通过自己的努力，成为某个团队的核心带头人，这样的激励效果与金钱激励效果相似。但是需要提醒的是，物质激励不是搞"大锅饭"，而是要采取科学有效的激励手段。如果分配不公或不能按时落实奖励，就会对组织产生影响。

2. 精神激励

精神激励涵盖面很广，包括情感激励、目标激励、成长激励等。情感激励，主要指一个管理者要关心爱护自己的员工，常常与员工做感情上的沟通与交流，而信任恰恰就是在感情交流的基础上建立起来的。目标激励，是管理者对员工的一种期望。如果员工在组织工作中，能够达到管理者的期望值，管理者就会给予他一定的称号，如"技术标兵"或者"劳动模范"，让众人向他学习。成长激励，更像是为员工提供一个自我展示和自我学习的平台。如今，许多企业非常重视员工的"个性化"培养，通过才艺大比拼等方式，让员工展示自己的才华。另外，还有一些公司重视员工的技能培训，为其提供与成长相关的培训平台，比如培训班等。通过学习，员工可以提升专业技能，得到快速成长。

激励手段还有很多，比如尊重激励、荣誉激励、信任激励等，只要对集体有促进作用，管理者都可以采纳。

第二十一章 既要坚持自己，又要体谅他人

俗话说，严以律己，宽以待人。这是一种做人的智慧。在团队中，我们要有容人之量，因为宽容是关系融洽的基础；在团队中，我们还要坚持自己的主见，发挥自己的特长。只有这样，才能让团队更有凝聚力和战斗力。

如何做到"坚持"与"体谅"

作家罗曼·罗兰有句名言："最可怕的敌人，就是没有坚强的信念。"而宋代的朱熹也认为："书不记，熟读可记；义不精，细思可精；惟有志不立，直是无著力处。"由此可见，意志对于每一个人而言，都是非常重要的。有些人因为缺乏某种意志，遇到困难就会退缩，久而久之便养成了一种"逃兵"习惯，做事半途而废，不能坚持到底，到最后一事无成。

古代有一个人，他想成为武林高手。在他13岁那年，他去了寺庙学习少林功夫。来到寺庙，拜见了师父。这位师父告诉他："想要学习少林功夫，需做好三件事！"

这个人问："哪三件事？"

"三年扫地，三年挑水，三年读经。如果能够坚持九年，我一定

会传授你功夫。"

师父的话几乎吓退了这个人。但是他想了想，还是打算坚持一下。于是，他成为寺庙里的一位扫地僧，每天一早，就开始清扫院落。虽然看到其他师兄练习功夫时也会有些"眼馋"，但是他还是忍住了，一扫就是三年。

三年过去了，这个人已经16岁。他又问师父："师傅啊，我扫地扫了三年了，能否教我功夫？"

师父再次拒绝了他，并说："你还要挑三年水，读三年经，这些都是为你日后学功夫做准备的。你坚持下来，自然就明白我的用意了。"

这个人非常有毅力，他果真按照师父的要求，坚持了九年。经过这九年磨炼，他发现自己的体格变得结实、精神方面也充实了许多，也已经做到心如止水。当师父教他功夫的时候，他才发现，前面的九年没有白费，给他的生理和心理打下了坚实的基础。他不到三年时间，就学会了少林功夫，成了远近闻名的武僧。

《荀子·劝学》中有一句话："骐骥一跃，不能十步；驽马十驾，功在不舍。"古代还有一句名言："只要功夫深，铁杵磨成针。"坚持不懈的工作，不仅可以让自己受益，还能够让整个团队受益。另外，能够体谅他人，也是团队工作中一件重要的事情。

人们常说，理解万岁。理解他人，就是一种体谅。事实上，每个人都有自己的难处，或许这个难处恰恰对你的工作构成了阻碍。有一位银行客户经理，需要马上赶往外地现场处理一件急事。于是，他写申请从银行办公室要了一辆车。因为正值半夜，司机没有打开手机，他便恼羞成怒，一大早就去办公室告状。办公室主任给他的解释是："不在自己的工作时间内，司机有权关掉手机！"另外一个客户经理就特别善解人意，每次遇到急事，他都会亲自找司机师傅商量，并说一些体谅的话。司机也是人，人心都是肉长的，自然会体谅他，选择放弃自己的休息时间，与他一起出差办事。体谅是一种尊重，一种智慧，一种行之有效的沟通方法。如果你不体谅别人，别人又何必体谅你呢？一个团队需要彼此之间的谦让和体谅，只有这样才能把工作做好。

体谅还是一种善解人意的表现，一种设身处地为他人着想的境界。我看过某著名上市公司的一句话："互敬互爱，才能走向繁荣！"领导关心体谅员工，就不会因为员工的一点小问题勃然大怒；一名员工关心体谅自己的同事，也会处处为他着想，绝不会没事找事，把人际关系搞坏；一名销售员关心体谅自己的客户，就会坚持把客户当作上帝，为客户提供最优质、最到位的服务。体谅可以让一个人学会换位思考，甚至可以让一个人变得成熟。

坚持不懈与体谅他人，似乎是"风马牛而不相及"的两件事。但是放在一个团队或者一个人的身上，却可以让自己和团队都发生质的变化。因此，我们既要持之以恒用心工作，又要学会相互体谅、换位思考。

胸怀宽广，学会忍让

法国文学家雨果有句名言："世界上最宽阔的是海洋，比海洋更宽阔的是天空，比天空更宽阔的是人的胸怀。"胸怀有多大，格局就有多大。如果一个人总是斤斤计较，天天在自己的"一亩三分地"里转悠，想必他的格局也不会大。李斯《谏逐客书》中有这么一段话："国大者人众，兵强则士勇。是以太山不让土壤，故能成其大；河海不择细流，故能就其深；王者不却众庶，故能明其德。"意思是讲，山不排斥细小的砂砾才能成就其高大，江河不择溪流而成就它的宽广，君王不抛弃自己的国民才能成就其贤德。胸怀是一种气度、一种容人之量、一种高深的境界和一种伟大的品格。

有一位企业家，十年前他来到某公司的时候，这家公司濒临倒

175

闭，如同一盘散沙，许多员工都在说他的风凉话。有人说："新老总也是来赚钱的，恐怕套点现就走了，跟前几任没有什么区别。"有人说："换汤不换药，早晚要关门！"还有一名公司老干部，也暗地里说这位新老总的风凉话："40岁就空降来做老总，一定很有背景呀！锻炼一下，伸展一下筋骨，镀镀金，折腾完了就会走的！最后，还不是留下一样的烂摊子？"

事实上，这位企业家自上任的第一天起，就开始了他的"治病"工作。他把这个企业当作一个奄奄一息的病人；把企业员工当作病人家属。他把这些风凉话当成了鼓励自己的好话，不仅没有与这些人发生争执，甚至还想办法与他们谈心、交朋友。他说："企业不是我一个人的，而是我们大家的。如果能够把企业救活，大家高兴，我也会高兴，这是我的职责所在！"

心怀企业，不理会各种谣言和风凉话，这种做法是非常明智的。久而久之，员工见老总天天忙于管理，有一种顾全大局的魄力，渐渐改变了对这位企业家的印象。就连那位固执的老干部也改口了，他说："没想到，这个年轻老总还是很正派的，与前面那几个老总完全不同。"经过三年努力，这家濒临破产的国资企业恢复了往日的元气，就像一个病人完全康复了一样。后来，这家企业进行了国有改制，成了一家股份制公司。那些拿着股份、每年可以拿到高额分红的员工，不仅不再说风凉话，而且开始为这位企业家编写赞歌。

管理者需要这样的胸怀，普通成员同样需要这样的胸怀。笔者认识浙江中国银行某地区支行的一位普通员工，她心系中行，把中行当成自己的家，把中行的员工当作自己的兄弟姐妹。她团结同事，看到同事有困难就会及时伸出援助之手。在工作岗位上，她做人低调，待人诚恳，从未与客户发生过任何冲突，连续多年被评为"服务之星"。因为她姓潘，中行人都热情地称呼她为"潘大姐"。该支行还流行着一句话："有事就找潘大姐!"一个团队中,有这样一位心系团队、把团队目标当作自己的奋斗目标、把同事当作自己的兄弟姐妹的人,是团队之福。《三国演义》中有一句话:"夫英雄者,胸怀大志,腹有良谋,有包藏宇宙之机,吞吐天地之志者也。"意思是说,凡是有大胸怀的人,才有大智慧,才能取得大的成就。"忍辱负重"常常用来形容那些有担当的人,为了完成任务,忍受暂时的屈辱。这告诉人们一个道理:能够忍让,能够牺牲小我而换来大我的人,才拥有社会正能量。"腹有天地宽,常有渡人船。"如果一个人没有容人之量,恐怕肚子里也难以装下一条"河"甚至是一条"船"。

古人云:"海纳百川,有容乃大;壁立千仞,无欲则刚。"如果我们有大海一样的胸怀,有坚如磐石的志向,想必离成功也就不远了!

团队中,坚持己见很重要

英国有一句谚语:"一个人不听劝告不好,但若听任何劝告,则是一千倍不好。"如果一个人没有了主见,就会偏离自己的人生航线。社会中,有一些"墙头草",是哪里有风哪里倒。笔者认识一位企业主管,这位主管如何走上领导岗位的姑且不说。但是此人缺乏"主心骨"的表现,却令人大跌眼镜。此人有一句口头禅:"你认为行,就行!"言外之意,不管对与错、是与非,他都能够接受。即使在上司面前表现出这种缺乏主见的行为,也有拍马屁之嫌。这种人当领导的结果可想而知。还有一类人,从表面上看,善于听取各方意见,但实际上却总举棋不定、犹豫不决,总是听从其他人的意见来做选择,而自己却拿不出任何意见。一个工作团队中的核心成员没有主见或者常常妥协,就如同一枚生锈或者脱落的螺丝钉,会给组织的良性运转带来不好的影响。

有一支探险队,进入了一个死亡沙漠腹地,因为导航出现了问题而被困在这里。如果想不出好的办法,有可能全军覆没。

此时，一个探险队员急切地问队长："下一步该怎么办？我们应该往哪里走呢？"

队长也是一头雾水，拿不出主意。

副队长拿出指南针，然后比对了一下方向，说："队长，如果我们坚持原来的路线，应该是能够走出沙漠腹地的。原本我们制订的计划，就已经将'导航'失灵的问题考虑进去了！"

"如果走错了怎么办？"另外一个队员开始质疑，"生命只有一次，我们也只有一次机会！"

副队长坚定自己的判断，然后鼓励大家："考验越大，我们更应该坚持自己原有的想法！我想，我们还是按照原计划进行，丢下思想包袱，轻装上阵！"

探险队按照既定计划，沿着沙漠里的一条沙丘线缓慢前行。渴了，就补充一点水分；累了，就停下来休息片刻。期间依然有人提出质疑，但是副队长坚持自己的看法。在这种情况下，队长做出一个选择：他摘下队长袖标，将其交到了副队长的手里。第二天深夜，这支探险队终于走出了死亡沙漠。

坚持己见，并非一种固执的表现，这两者存在明显的差异。固执是顽固不化，不讲道理，甚至毫无科学依据；坚持己见，则是坚持科学至上的真理，坚持正确的意见不动摇。换句话说，坚持己见是一种意志力的表现，意志薄弱者常常受到各种因素影响而不能坚持到底，最后只能半途而废。某技术团队在研发冲刺关键出现了一些小的失误，此时就有人"大呼小叫"，扰乱军心。但是该技术团队骨干依旧坚持自己的看法和原则，再次向目标发起冲刺，直至成功。

在一个团队里，你不仅要为自己做主，还要成为团队的"主心骨"！一名骨干，相当于一艘船上的"舵手"。舵手的任务主要有两个，第一个任务是坚持航线不动摇；第二个任务是不遗余力地执行命令。坚持"目标"就是坚持已见，执行命令是对"主见"的一种大力支持。想要让自己变得有主见，笔者认为，要从四个方面做起。第一，要有自信，自信可以让一个人变得坚强。自卑的人是脆弱的。人在脆弱的时候，很容易受到其他因素的干扰，从而做出愚蠢选择。第二，要勤于思考。有主见的人，大多是善于思考、勤于总结的人。主见的形成来自经验的总结，或者是一种思想上的提炼，它的形成是稳定的、难以被左右的。第三，要借助辩证法抓事物的主要矛盾。矛盾症结找到了，"障眼法"也无法阻碍你的判断和选择。第四，要坚持自己的人生目标不动摇。有了奋斗目标，就要持之以恒，即使遇到困难，也要想办法解决。如果我们缺乏主见，一辈子总是盯着别人的脚步，最后就如同邯郸学步，一事无成。

诗人爱默生说过一句话："要独立思考问题，不要人云亦云。"可能，这是对主见的一种主观解释。另外一种客观解释，笔者借用中国的一句俗语："成见不可有，定见不可无。"只有坚持自己的主见不动摇，才能大大提高执行力。

第二十二章 学会换位思考

换位思考，就是设身处地为他人着想。这是一种无私的行为，是团队中营造融洽氛围的一味良药。如果彼此之间多一分宽容与理解，团队也会更加有凝聚力和向心力。

理解他人，是"凝心聚力"的一味药

"理解"二字，是人类特有的高级智慧。简单来说，理解就是一种了解，这种了解可深可浅。比理解更深层次的，是领悟。当然人与人之间的理解，更多是停留在彼此认可、谦让、包容的层面上。有哲人认为："理解人的方法只有一个：判断他们的时候不要急躁。"因此，在与人交流过程中，我们要客观一点、冷静一点，不要操之过急，更不要早早下结论。大家在一个团队中工作，更要学会换位思考，多替他人着想。只有这样，才能把组织交代的工作衔接好、配合好。

古时候，有三个囚犯被关在同一个牢房里。三个人因为犯了不同的罪，将面临不同的刑罚。A 囚犯唉声叹气地说："这次进来，肯定要很久才能出去。或许等我出去之后，我的未婚妻早已经成为他人的妻子了！"B 囚犯说："这有什么？大不了出狱后再重新找一个女人！

世界上，三条腿的青蛙不常有，但是两条腿的女人满街都是。"A 囚犯反驳 B 囚犯的观点："你懂什么？像我犯下的罪，要在这里蹲 5 年牢房！"B 沉默不语。

　　不一会儿到了晚餐时间，C 囚犯的伙食明显好于 A 和 B 两个囚犯。即使如此，C 囚犯依旧一言不发，毫无胃口。A 囚犯笑着讽刺 C 囚犯："伙计，他们给你单独开小灶，你还愁眉苦脸的，不就是坐几天牢嘛，何苦呢？"B 囚犯也跟着嘲笑道："伙计，你也太不抗事儿了吧！"C 囚犯终于忍不住了，他开口道："你们懂什么！我犯的是死罪，这是我的最后一顿饭，明天一早就去杀头了！"说完这句话，A 囚犯和 B 囚犯沉默以对，似乎意识到自己说错了什么。

理解与误解只有一字之差，但却是天堂和地狱的差别。如果能够站在对方的角度思考问题，并给予更多的宽容，那么我们也会得到对方的坦诚与相待。几年前笔者在某企业做培训，从事相关协调工作的办事员叫小张。小张的妻子怀孕待产住院，需要人照顾。小张的上司见小张一副紧张的样子，便笑着对他说："今天的事，我让别人处理，你赶紧去医院陪护吧！"小张对领导的安排非常感激。他的妻子出院之后，他更以 100% 的精力去工作。这种上级理解下级的做法，我们可以看作是一种关心和爱护。

　　还有一种，是下级对上级的理解。有一家企业在转型期，面临着种种困难，甚至连工资都不能按时发。就在这个时候，企业老板做出了一个选择。他卖掉自己的房产，给员工补发了一部分工资。员工深受感动，并以实际行动支持自己的老板。连续几个月的经营低谷，老板也无计可施。此时，全公司员工自发组织：每个人拿出一万元，帮助企业渡过难关。凭借 300 多万元的自筹资金，这位老板终于带领企业渡过了难关，给了全体员工一个圆满的交代。这个例子，是下级对上级的支持，也是一种理解。

　　除此之外，还有一种同事与同事、员工与客户之间的理解。不管方式如何，能够换位思考、结合他人的感受去做出行为上的改变，都是值得称颂的。俗话说，家家有本难念的经。或许每个人都有自己的难言之隐，但是这种"难"，并不应常常挂在脸上。有些人总是对自己宽容，对别人严格，甚至连说话都带着一把"刀"。与人交流，这种带着"刀"的沟通，常常会伤害到对方。如果换一个角度，你正遭受委屈，而此时又遭到他人的讥笑与讽刺，你也就很难接受这种境遇。高尔基说过一句话："如果人们不会互相理解，那么他们怎么能默默地互相尊重呢？"

理解他人，是治疗心灵创伤的一味药，也是团队凝心聚力的黏合剂。就像列夫·托尔斯泰的理解："我们平等地相爱，因为我们互相了解，互相尊重。"

感恩也是换位思考

思想家卢梭说过一句话："没有感恩就没有真正的美德。"感恩，就是对他人帮助的一种回馈、一种感激。俗话说，滴水之恩当涌泉相报。如果我们常怀感恩之心，就不会为了一点蝇头小利而伤害彼此之间的感情。感恩是一颗心，是一种谦卑、一种包容、一种爱。感恩还是一种境界，一种责任，一种意识。培根认为："学会了感恩，你就学会了做人。"

职场上，有些人满腹牢骚，甚至为自己的生活现状写了一个顺口溜："起得比鸡早，睡得比狗晚，吃得比猪差，干得比驴多。"这句话，听上去很残酷，甚至是残忍，但是再细想一下，是不是有自作多情之嫌呢？在一个团队中，难道只有一个人如此艰辛，而其他人则过着神仙般潇洒的生活？当我们换位思考一下，多感受一下周围的冷暖，或许自己就会慢慢平衡。懂得感恩的人，才能感受到幸福。我发现，许多职场人都会说自己不幸福！幸福不幸福，完全是心态的问题。一个有血有肉有灵魂的人，能够从繁忙和紧张的工作中捕捉到一丝爱和希望，就会获得极大的满足。许多企业老板也常常发牢骚："我给你们发着薪水，给你们提供平台，你们为何不感恩呢？"换个角度来看，有这么多人愿意牺牲自己的家庭、拿着微不足道的薪水为了企业的理想而奋斗，你为何不感恩自己的员工呢？美国作家比尔·海贝斯说过一句话："工作不是一种惩罚，也不是人们经过思考后想干的事。工作是一种神圣的安排，是造物主用快乐和有意义的活动填补人类生命的一种方式。"

有一个资本家叫雷蒙德，他的发家之路让人仇恨，因为他是靠发战争财成为了亿万富翁。后来他用这笔钱创办了一家食品公司，他所招纳的员工，全部都是因战争而残疾的人。有一个人挖苦他："看，这个伪君子用这种方法为自己点赞！事实上，他只是一个刽子手，根本不是慈善家！"

当然，雷蒙德并不在意这些看法。他常常私下对自己说："如果不能洗掉手上的血迹，就无法摆脱罪恶，耶稣也会拒绝你上天堂。"于是，他不断改善残疾工人工作条件，提升他们的福利待遇。

有一年，一名残疾员工听信他人谗言离开了雷蒙德的公司。这个员工走之前说："雷蒙德是吸血鬼，他根本没有为我做什么。"他这番白眼狼般的言论，不但没有得到同伴的支持，反而遭到同伴的反对。其中有个老员工替雷蒙德打抱不平："我在这里工作十年，雷蒙德从未克扣过我一分钱的薪水……而我的妻子、儿女，还指望这笔钱生活。而且，他们靠这笔钱，生活得非常舒服！难道，雷蒙德为难过你，还是无缘无故克扣过你的工资？"这个人无话可说，只能选择沉默。事实上，雷蒙德一直在感恩，他认为上天给了他一次赎罪的机会。

退休之后的雷蒙德，全身心致力于慈善事业。他将自己的全部家产捐献出来，成立了"雷蒙德慈善基金会"。基金会的钱用于因战争而致残的失业人群的基础福利。雷蒙德的做法，终于得到了正面的社会评价。雷蒙德认为："感恩让我认识了我自己！"

　　一个老板能够作出如此的选择，作为一名普通的团队成员，是否也应该有所回应呢？杰克·韦尔奇认为："一个人的成功跟个人的努力有很大的关系，但也缺少不了别人的帮助。在你努力工作的时候，总有老板的帮助，在你从普通到优秀的时候你最应该感谢的是曾经帮助过你的老板。"人生之路，没有坦途，但却有着无数条沟壑。在沟壑面前，如果没有他人的帮助，就很难越过去。不论是自己的亲人、朋友、领导、同事还是对手，只要帮助过你，你就要用感恩之心回馈他们。

　　感恩是一种美德，还是一种积极进取的人生态度。古人云：知恩图报、善莫大焉。感恩是一种最大的善，是一种灵魂上的升华。常怀感恩者，才能取得成功，收获幸福。

如何才能"换位思考"

　　有一个有钱人，整日闷闷不乐。有一天，他与自己的邻居再次发生冲突，原因仅仅是公共卫生区责任划分的问题。有朋友劝他："不就是打扫卫生吗？这有何难？你打扫一下不就完了！"这个人生气地说："我打扫，他打扫吗？这种事，不能靠自觉！"无独有偶，邻居也是这样解释的。他说："如果他坐下来协商，我会配合他的工作。但是他想占我的便宜，门儿都没有！"为了一个公共卫生区，双方竟然闹到了老死不相往来的地步，似乎谁劝也没有用。

　　后来，有一位热心大姐将这两人叫到自己家里，希望通过劝和的方式，化解两人矛盾。这位大姐先是问有钱人："如果你是他，你希望他如何去做呢？"有钱人说："如果我是他，我一定会平心静气地坐下来，好好商量，这事应该如何解决！"大姐又问了邻居相同的问题。邻居说："如果我是他，我可能会主动先打扫，用实际行动证明，我这个人是个宽宏大量、不拘小节的人！"两个观点摆在面前，热心大姐的一句话让双方都很惭愧，她说："既然你们都可以用积极的态度处理好此事，为何还闹矛盾呢？"

两人终于和解了！

俗话说，世上本无事，庸人自扰之。如果彼此换一下位置想问题，事情也就解决了。

克鲁泡特金在《互助论》一书中阐述："只有互助性强的生物群才能生存，对人类而言，换位思考是互助的前提。"在一个集体中，没有一种工作是完全独立的。就像一块手表里的齿轮，齿轮与齿轮之间都要相互借力，手表才能转动。如果其中一个齿轮生锈了，这个齿轮就只能被换掉。换掉它的理由，是因为它无法把力转移到另外一个齿轮上。换句话说，如果一个人无法做到团结互助，就会成为集体中生锈的"齿轮"。换位思考的目的，不仅仅只是让成员间彼此团结友爱，更是一种智慧，一种组织管理学问。那么我们应如何做到换位思考呢？

1. 减少以"我"为中心的感受

事实上，个人感受永远代表着你自己，而不能代表其他人。有些人，自己心情不好时，便埋怨全世界所有的人。殊不知，绝大多数人与你的心情好坏无关。孔子说："己所不欲，勿施于人。"因此，在沟通交流或者合作过程中，要尽可能减少以自我为中心的感受，比如减少"我觉得""我认为"这些话，适当照顾对方的感受。

2. 加深沟通

人与人之间的矛盾，大多是因为沟通交流的不够深入。通过更进一步的沟通，我们才能够了解到对方的真实想法和真实感受。如果沟通不到位，还可能会给人一种假象。就像一个人看浴室里的镜子，看不清自己，便破口大骂；如果他走近一些，擦拭一下镜子，就不会做出如此反常的举动。沟通是合作的基础，深入沟通才是合作的开始。

3. 坦诚相待

俗话说，君子坦荡荡，小人常戚戚。与人沟通，就需要有一种君子般的坦诚与坦荡。如果你把君子的一面展现给对方，就会让对方放下戒心，建立起一种互信关系。信任使沟通得到保障，信任还是解决问题的前提。有了信任，双方才能彼此交换意见，协商共赢。

4. 助人为乐

如果工作中没有很好地进行沟通，很有可能发生问题。因此，我们不能过于着急，也不要把自己的怒气发泄到对方身上，而要冷静下来，了解对方。如果发现对方有困难，应该及时伸出援助之手。另外，我们也不要拒绝他人的帮助。在一个团队里，本来就是你帮助我、我帮助你。如果能够养成助人为乐的习惯，想必还能够提升个人的魅力。

莎士比亚说过一句话："慈悲不是出于勉强，它是像甘露一样从天上降下尘世；它不但给幸福于受施的人，也同样给幸福于施与的人。"

第二十三章　善于发现他人优点

罗丹说："生活中不是没有美，而是缺少发现美的眼睛。"因此，我们要善于寻找美，善于发现他人的优点和特长，善于赞美他人、表扬他人、欣赏他人。这样做，也会让自己变得优秀。

赞美是一种智慧

我认识一名企业家，这个人与人交流有一个特点，常常使用一种或委婉、或动听、或夸赞、或欣赏的语言。这种语言，不仅给人一种亲切感，而且能快速拉近双方的距离。或许，这也是一种天赋、一种优势、一种智慧。赞美他人的语言，我们可以随时学习并使用。但是有些人会产生疑问："如果没有看到对方优点却不断夸赞，难道不是一种欺骗吗？"我认为，人人身上都有优点，即使是一位傲慢的人，也有自己的长处。只要细心观察，都会找到值得称赞的地方。如果确实没有找到，说一句恭维的话，也是无伤大雅的。赞美是一种发自肺腑的欣赏，而非虚伪的表达。

法国一位作家认为："赞扬是一种精明、隐秘和巧妙的奉承，它从不同的方面满足给予赞扬和得到赞扬的人们。"赞美还是一服良药，它可以治愈人的心灵，让人得到情感上、价值上的满足。比如，一个老板当面夸赞自己的员工吃苦耐劳、踏实肯干，就是对员工的一种肯定和嘉奖；一个销售员赞美自己的客户，就更容易得到客户的订单；一个员工能够用语言夸赞自己的老板是天底下最好的老板，想必这位老板高兴之余也会有所表示。赞美是聪明的，甚至是有点"功利色彩"的。但是这种"功利"对彼此有益，没有人会讨厌夸奖你的人。就像英国作家塞缪尔·巴特勒的一句话："赞美是美德的影子。"

有一个年轻人，他非常自卑。事实上，他是一个非常有天赋的小提琴演奏者。为了让他充分融入到交响乐团之中，团长总会在练习结束后，夸奖他一番："今天表现得不错，我想，你一定还会进步！"除了团长，其他演奏家们也非常喜欢这个年轻人，也会常常与他交流心得。因此，这个年轻人成长得非常快，自信心也有了很大的提升。

有一年，该交响乐团参加了一场重要演出。由于第一次登上大舞台，这个年轻人非常紧张，以至于拉偏了音调。此时，作为总指挥的团长发现年轻人出了错，不但没有怪他，反而给了他一个微笑。事实上，这个微笑如同一句赞美和鼓励，年轻人慢慢调整好了心态，音调也一点一点找了回来。年轻人的"小插曲"并没有影响到整个乐团的发挥，最后交响乐团的演出非常成功！后来，这个年轻人越来越成熟，自信也让他走上了小提琴大师之路。

一个微笑、一句赞美，有可能改变一个人的一生。我记得美国有一个女作家，在谈及儿时的往事时，坚持认为是当年老师的一句赞美改变了她的人生。钢铁大王卡内基有句名言："要改变人而不触犯他或引起反感，那么，请称赞他们最微小的进步，并称赞每个进步。"赞美是一句话，但却像钻石一样金贵。许多人甚至从来不说赞美的话，总喜欢用批评代替夸赞。

某公司有一位老总，这位老总有个外号"老夫子"。之所以叫老夫子，是因为他有两个特点。第一个特点，喜欢批评人。公司上下，没有挨过他批评的人，恐怕只有他自己。他对人非常严格，不允许自己的员工出错。因此，许多员工都怕他。但是他还有一句所谓的"名言"：批评是爱，夸奖是害！第二个特点，特别喜欢说教。事实上，99%的人都讨厌这种生拉硬扯、毫无实际意义的训导。但是这位老总似乎养成了说教的习惯，即使员工反感这种行为，他依旧我行我素，甚至有一种"瘾"在里面。正因如此，员工跳槽非常频繁，人才流失严重，公司也拿不出几个像样的、有市场竞争力的产品。

批评、说教要不得。赞美是好的，但是也要避免空洞乏味的赞美。赞美是一种诚意的表达，绝非虚假的表演。卡内基在《改变一生的赞美》一文中写道："赞美不是虚伪的奉承，不是夸大其词的吹捧，也不是一味地宽容；赞美是真诚的鼓励，赞美是对别人的鞭策。一句真诚的赞美可以激励一个人的一生，可以使他成就一番事业；一句不经意的讽刺、挖苦之言，有时会毁掉一个人的一生。"

表扬远比嫉妒更好

表扬与赞美有相似的功效，都可以对一个人产生积极影响。许多企业老板是非常聪明的，他们通过表扬鼓励员工，提升员工执行力，这种表扬的效果堪比发奖金。也可以说，表扬是一种精神激励法。如果自己的员工比自己能力强、学历高，也千万不要心生嫉妒。这种能力正确运用在团队里，完全可以起到带动团队的作用。但是世界上，偏偏有这么一类嫉妒他人的人。

某科研带头人，早些年获得过科技进步奖，算是业内响当当的人物。后来，这个带头人重新组建团队，希望向另外一个更高奖项发起冲击。这个团队里还有一个年轻人，是留洋博士。此人年纪轻轻就已经取得过许多科研成果，风头甚至超过了科研带头人。

有一次，年轻博士在一次课题研讨会上提出一个观点，这个观点与科研带头人的观点有很大不同。但是经过论证，年轻博士的观点正确，科研带头人的观点不够完善。因为此事，科研带头人有些生气，他私底下对朋友说："这小子完全是目中无人！有点成绩算什么？这样的人，我的团队不需要！"后来，这位科研带头人总是找年轻博士的碴儿，甚至只让他负责一些统计方面的工作。久而久之，年轻博士终于坐不住了，他一气之下写了离职信，去了另外一个科研团队负责技术攻关。两年后，年轻博士所带领的团队取得了重大突破。而嫉妒心重的科研带头人，依旧原地踏步、毫无成绩。

这样的案例有很多，表扬远比嫉妒有意义。如果把表扬看作一个"天使"，嫉妒就是一个不折不扣的"魔鬼"。法国作家拉罗什富科认为："嫉妒是万恶之源，怀有嫉妒心的人是不会有丝毫同情心的。"表扬是什么呢？表扬是一种认可、一种赞同、一种欣赏、一种鼓励、一种支持。老师对学习好的学生提出表扬，是对他的嘉奖，也是对他的勉励。老板对踏实肯干的员工提出表扬，是对他的认同，对他未来发展的一种期许和渴望。表扬不是毒药，恰到好处、恰如其分的表扬，不但不会让对方陷入一种恃宠而骄的状态，反而会激发他的斗志，让他更加出类拔萃。有位将军认为："战场上，只有肯定士兵的勇气，他们才会为你冲锋陷阵。"世界上，所有的人都愿意得到褒奖，即便是一个卑微的人，他也渴望得到鼓励和正面评价。

心理学家杜威认为："人类本质里最深远的驱策力就是希望具有重要性，希望被赞美。"笔者的一个朋友，在某企业做老总。在我眼里，他不像是一名管理者，倒像是一名鼓励大师。他的咨询公司，一共有60多名员工。每个星期一的早晨，他的第一件事是召开"表彰大会"。他总是会拿出半个小时的时间，对60多名员工进行逐一点名表扬。表扬过后，他再进行工作任务的分配。他常常会对自己的员工竖起大拇指。只要员工有突出表现，他就会竖起大拇指对他说："很好，你很棒！我们再接再厉，也许还能更好！"在这种鼓励下，他的员工个个精神饱满、生龙活虎。这种表扬和嘉奖，令他的公司受益良多。从另外一个角度看，表扬是一种无成本的激励，远远比批评、嫉妒、打压更有价值。据笔者观察，一个优秀的人、成功的人，不会把个人精力浪费在毫无意义的争论上。表扬是一种爱、一种宽容、一种奖赏。在一个团队中，为何不能让这些正能量多一些呢？大作家塞万提斯有句名言："嫉妒占上风，美德就倒霉；抠门儿的地方，没有慷慨。"

因此，做一个善于表扬他人的人，做一个团队中受人尊重和欢迎的人。表扬远比嫉妒靠谱，表扬是团队建设的良药，而嫉妒则是毒药。

学会欣赏，并学习他人优点

钢铁大王卡内基有句名言："你应该庆幸自己是世界上独一无二的，应该把自己的禀赋发挥出来。经验、环境和遗传造就了你的面目，无论是好是坏，你都得耕耘自己的园地；无论是好是坏，你都得弹起生命中的琴弦。"一个人来到世界上，如果跟随着美好的事物，自己也会变得美好；如果跟着丑陋的事物，自己也会变得丑陋。这就是"近朱者赤、近墨者黑"的道理。

古人言："爱人者，人恒爱之。"意思是讲，你爱他人，他人也会爱你。人的行为就像照镜子一样，你对镜子微笑，镜子就会对你微笑。你欣赏、赞美他人，他人也会给你很高的评价。送人玫瑰，手里不仅留下余香，甚至还会收到另外一朵玫瑰。何为"欣赏"呢？就是对美好事物的一种认可和称赞。例如，看到一个女人漂亮，我们会直接赞赏她的美丽；看到一个人热情帮助他人，我们会欣赏他的为人。美有两种，一种是外在美，另一种是内在美。外在美，我们可以随时用眼睛捕捉到；内在美，我们需要用心寻找，用心感悟。美还可以以多种形式出现，比如一个人的优点、特长，比如一个人的性格、气质等。欣赏，可以是欣赏一个人的智慧，还可以是欣赏一个人的优点。虚心学习他人的优点，就是跟随着美好的事物前行。

　　有一个笑话是这样讲的：蜜蜂妈妈给小蜜蜂找一个男朋友，于是便约时间、地点见面。小蜜蜂来到约定地点，发现来的是一只丑陋的小蜘蛛，它非常不高兴，甚至连正眼都没瞧一下。小蜘蛛发现来的只是一只普普通通的小蜜蜂，也是爱答不理。僵持了片刻，于是它们各自回了各自的家里。小蜜蜂对自己的妈妈发牢骚："你怎么能给我介绍一只丑陋的蜘蛛，它怎么能配得上我？"蜜蜂妈妈说："别看它丑陋好歹会织网，跟着它，不愁吃喝。"小蜘蛛回到家也问蜘蛛母亲同样的问题："妈妈，为何给我找这么一只丑陋的蜜蜂，它怎能跟蝴蝶相比？"蜘蛛母亲劝道："它虽然不漂亮，好歹也会飞见过大世面。"

事实上，外表丑陋的人也有自己的特长；外表美丽的人，也有自己的缺陷。作为一名职场人，我们要多看他人之长，不要盯着他人之短。总是看到别人的短处，自己也会变成思想的侏儒。启蒙思想家孟德斯鸠说过一句话："礼貌使有礼貌的人喜悦，也使那些受人以礼貌相待的人们的喜欢。"从根本上讲，欣赏是一种礼貌，是一种对人的尊重。教育家陶行知认为："你的教鞭下有瓦特，你的冷眼里有牛顿，你的讥笑中有爱迪生。你别忙着把他们赶跑。你可要等到坐火轮，点电灯，学微积分，才认出他们是你当年的小学生？"

　　欣赏他人的时候，人的思想、姿态也会发生变化。通常来讲，一个人准备赞美他人的时候，会放低自己的姿态，以一种谦虚的态度对人。欣赏他人，尤其欣赏与自己志趣相投的人，就像是照镜子一般。学习对方的优点，弥补自己的短处，有助于全面提升自己，让自己变得优秀。欣赏他人，成就他人，还是一种胸怀宽广的表现。孟子有句话："取诸人以为善，是与人为善者也。故君子莫大乎与人为善。"欣赏，也是一种与人为善的方式。构建有凝聚力团队，更离不开与人为善。

有时候，孤芳自赏是一种悲哀。人人都渴望得到他人的欣赏，就像一名学生渴望老师的表扬，一名员工渴望得到老板的认可，一名同事渴望得到你的尊重……只要我们少一点偏见、多一点信任，少一点冷漠、多一点热情，想必就会让自己的世界变得美好。就像古人所言，君子成人之美，不成人之恶。

第二十四章 尊重差异，学会分享

每个人，或许都有一副有色眼镜。当你戴着它的时候，你就会失去理性，从而变得盲目和无知，因此，我们要克服自己的偏见，学会包容与分享。只有这样，才能让我们自己和企业都受益。

学会克服对他人的偏见

英国作家简·奥斯汀在《傲慢与偏见》里这样写："傲慢让别人无法来爱我，偏见让我无法去爱别人。"傲慢与偏见是魔鬼手里的两张名片，但是每个人手里都有这两张名片。德国诗人歌德也曾说："我能确保正直，却不能保证没有偏见。"有时候，偏见就是一种习惯，是对于不符合自己喜好与价值的事物，而产生的一种消极看法。在某种程度上，偏见就像"牛皮癣"一样难以根治，就算你小心谨慎，它还是会在某个时刻找上门来。因此，歌德还有这样一番言论："偏见缠住了人的性格，就无法克服，因为它们成了人本身的一部分，无论证据、常识还是理性都拿偏见毫无办法。"偏见人人都有，这可不是一件什么好事！以自己的喜好去判断一件事、一个人，本来就是不公平的。笔者认识一名银行总监，他总是对自己的一名下属抱有成见，即使他做得再好，也会批评他。后来有朋友问这名总监："为什么要这么做？这名员工并没有犯错！"这名总监给出的理由很奇葩："我也不知道，但是我就是看他不顺眼！"

在团队中，偏见不仅不利于团结，还会让双方交恶，严重影响到团队的发展。因此，我们要想尽一切办法除掉偏见。

1. 切莫人云亦云，先入为主

许多人会通过小道消息得知某些人的负面新闻，从而对其产生一种挥之不去的偏见。事实上，这种做法非常主观，甚至是粗鲁的。耳听为虚、眼见为实。只有亲身接触，亲身体会，才能对一个人产生较为客观的评价。因此，我们要跳出先入为主的泥潭，让自己处于一个清醒而理性的状态。

2. 多注意观察、思考

如果没有直接接触，人们常常会通过观察来认识对方。但是，我们又该如何观察呢？一方面，我们要观察对方的为人处世；另一方面，我们还要观察对方的行为方式以及所表现出来的价值观和世界观。根据这些有价值的信息，用我们的大脑去思考、加工，才能产生一种较为全面的评价。就像达尔文的一句名言："最可靠的经验证据——亲眼所见！"

3. 多进行沟通、交流

我想起某位哲人的话："如果不能了解对方，就主动与他进行交谈。"偏见是一种肤浅的东西，甚至是愚昧的、毫无根据的。想要破解这个谜题，我们就要主动搭建起沟通的桥梁。苏联作家温·卡维林认为："推心置腹的谈话就是心灵的展示。"当你了解了对方，或许就已改变了最初的印象。

4. 提高自己的修养

《礼记·大学》中有这么一段话："古之欲明明德于天下者，先治其国；欲治其国者，先齐其家；欲齐其家者，先修其身；欲修其身者，先正其心；欲正其心者，先诚其意；欲诚其意者，先致其知，致知在格物。物格而后知至，知至而后意诚，意诚而后心正，心正而后身修，身修而后家齐，家齐而后国治，国治而后天下平。"意思就是告诉我们，凡是有大智慧、大志向的人，不会把时间荒废在某个"角落"里。修养提高了，人生境界升华了，眼界也会变得不同。

偏见是一种坏习惯，是一种愚昧和傲慢。因此，我们要摘掉有色眼镜，做一个尊重差异、追求真理的人。

包容是"团队"的主心骨

前面笔者讲过，一个团队，就像家庭。团队管理者是家长，员工是家庭里的其他成员。成员与成员之间，只有和睦相处、互相包容，才能让这个家庭更有凝聚力。在这里，我们不得不重提"包容"二字。有一位哲人说："有时候宽容引起的道德震动比惩罚更强烈。"如果将"包容"二字拆开，所谓"包"，就是包含；所谓"容"，就是容纳。就像"宰相的肚子"，能容得下一条船，甚至还能容得下汪洋大海。古人云，宽以济猛，猛以济宽，政是以和。"宽猛相济"不仅是一种管理智慧，也是一种仁爱、一种治理良策。

古代有一个官员，他的治理策略就是采取严苛的刑罚，来对付那些罪犯和刁民。这种方式，在他上任伊始，起到了比较好的效果——犯罪率下降了，民怨也少了，甚至给人一种很和谐的感觉。

但是这种"暴政"，时间久了就会出问题。有一次，一个商户因为没有交够赋税，被抓进府衙。官员问他："你为何偷税漏税，难道不知道这是欺瞒朝廷的重罪吗？"

"连年灾荒，生意冷清，我已经入不敷出，哪里还有什么银两去交税？您大人有大量，就饶了我这一次吧！"这个商户确实可怜，身上穿的衣服也是破破烂烂，一眼便知是穷困潦倒。

但是这个官员并未体谅他，反倒觉得他在为自己开脱罪责，于是将其押入牢房，并重罚四十大板。因为正值夏天，衣服穿得比较少。四十大板下去，这个商户竟然断气了。因为交不上税而被当场杖毙，给当地人笼罩了一层恐怖的阴影。许多人都开始害怕这个官员，甚至连夜逃荒到其他地方。

后来，这个地方越来越冷清，做生意的人几乎走掉了一大半。这个官员才意识到问题的严重性。有一个师爷劝他说："如果再这样治理下去，恐怕这个县城就要变成鬼城了！往日的繁华盛世，都由仁心所治，只有施仁政，才能让这个地方焕发生机！"

这个官员听从了师爷的建议，开始推行仁政。对一些困难群体，在赋税上进行一定的减免。对吃不上饭的乞丐，还定点发放救济粮。对待一些普通的犯人，他也尽量以教育为主，减少了棍棒惩罚。施仁政一年时间，许多老百姓开始陆陆续续返回，这个县城才又恢复了往日的生机。

法国作家雨果认为："最高贵的复仇之道是宽容。"通过宽容，让敌人放下屠刀，则是最高深的境界。包容还是一种舍得，舍下的是自己的偏见、傲慢、严苛、仇恨，得到的是他人的尊重、合作、帮助与友谊。宽容是一种智慧，还是一种艺术。我记得有一位女高管，有一次参加某个谈判。因为谈判非常艰苦而焦灼，其他几个男高管便忍不住不停地抽烟，短短三个小时的谈判，竟然抽了几盒香烟。谈判结束后，整个房间乌烟瘴气。此时他们才发现，这位女高管用手帕不停地擦着眼睛。其中一个老总尴尬地向女高管表示歉意，然后问："你刚才为何不说呢？"女高管微笑道："谈判这么重要的事情，我怎能因为自己这点小事而打断整个进程呢？如果谈判成功了，我想这一切都是值得的！"女高管的宽容反倒让这群男同胞自惭形秽，后来会议室里便多了一纸"禁烟令"，上面写道："会议期间，禁止抽烟。"包容还是一种对他人的勉励，能够容忍他人的过错，并且以友好的方式处理，想必没有人会"得寸进尺"，再犯第二次错误。

包容是团队的"主心骨"，更是团队里不可缺少的一味元素。意大利作家罗大里有一句名言："人的心只有拳头那么大，可是一个好人的心是容得下全世界的。"经营之神松下幸之助则感悟道："以温柔、宽厚之心待人，让彼此都能开朗愉快地生活，或许才是最重要的事吧。"

学会分享，乐于分享

分享，或许是一件令人既兴奋又愉悦的事情。笔者认识一个管理者，他每周六的下午都会组织经验分享会。大家围坐在一起，彼此分享自己的心得体会。虽然是经验分享会，实际上与茶话会没有太大区别，会议没有记录人员，也不需要轮流发言，没有强迫，完全按照自己的意愿进行分享。经验分享会进行了五年，许多员工都因此受益。另外，通过分享，彼此间增进了感情，建立了朋友关系。所以说，分享是一件一举两得的事情。

李伯元在《官场现形记》中有句话："有福同享，有难同当。"夫妻之间，君臣之间，朋友之间大概都要这样去做。这是一种权利与义务，有了享受"福气"的权利，就要有"共患难"的义务。从这个角度上讲，这是一种责任心。从另外一个角度上讲，患难与共是彼此之间的一种忠诚。如果是大难临头各自飞，或者是因为一点利益而分道扬镳，则是相当令人遗憾的。李白说："人生得意须尽欢，莫使金樽空对月。"这句话就是告诉我们，不要把自己变成"孤家寡人"。孤芳自赏同样是一件很可悲的事情，如果心有快乐，为何不邀人共享呢？一个人的快乐，分享给多个人，这些人都会收获快乐；如果所有人都能彼此分享快乐，一定是更快乐的事情。诺贝尔文学奖得主萧伯纳说过一句话："你有一个苹果，我有一个苹果，我们彼此交换，每人还是一个苹果；你有一种思想，我有一种思想，我们彼此交换，每人可拥有两种思想。"因此，我们要学会分享，享受分享所带来的快乐。

有一支篮球队，因为缺少明星球员，成绩一直不温不火。因此，这个篮球队请来一名著名教练，希望他能够为球队创造奇迹。事实上，主教练只是一个场边"大脑"，并不能亲自披挂上阵，只能在战术方面进行一些调整，抑或让篮球队更加团结，执行能力更强一点。许多球迷甚至篮球评论员都没看好这支没有明星的球队，甚至讽刺他们为"季后赛看客"。

这个教练有些不服气，甚至这些不服气也写在球员们的脸上。每次比赛之前，除了鼓励球员外，教练还让球员们大胆分享自己的进攻、防守经验。其中一名球员说："一支冠军球队，常常有一个明星球员，如果我们能够限制住明星球员的发挥，就有可能赢下比赛！"另外一个球员说："其实，有些明星球员进攻很好，防守却很弱，进攻的时候，我们可以强攻这位明星球员。"你一言、我一语，彼此分享着经验，大家在开赛之前便达成了共识，并形成了一股合力。

凭借这套办法，这支球队成绩越来越好。在不被人看好的情况下，竟然打进了季后赛，创造了著名的"黑八奇迹"！

尽管一个团队里没有超级英雄，但是若所有人能够齐心协力，就会有"超级英雄"般改变世界的力量。彼此分享、共享，并非"趋之大同"，而是取长补短、优势互补，让自己更加全面。彼此分享，还能够开阔自己的眼界，让自己的选择范围更广。一个人的心智得到了改善与提高，就更能肩负组织重任，把组织交代的工作做好。换句话说，分享也是团队精神的一种体现。正如一位哲人所言："如果你不能分享自己的快乐，你也无法获得真正的快乐！"